LA NOUVELLE CHIROMANCIE

Interprétation des lignes et
connaître les caract
les rencontre

Charles Mistri

LA NOUVELLE CHIROMANCIE

Interprétation des lignes et points de la main pour connaître les caractères, les événements futurs, les rencontres et chances possibles

EDITIONS DE VECCHI S.A.
20, rue de la Trémoille
75008 PARIS

Traduction de Nelly Turrini

Imprimé en Italie

Introduction

Matthieu 8, 1-19

"Seigneur, si tu veux, tu peux me purifier.
Jésus étendit la main, le toucha et dit..."

Matthieu 8, 14-15

"Jésus vint dans la maison de Pierre. Il y trouva sa belle-mère alitée et fiévreuse. Il lui toucha alors la main et la fièvre la quitta."

Marc 9, 26-27

"Mais Jésus, lui prenant la main, le releva et il se mit debout..."

Marc 16, 17-18

"... En mon nom, ils chasseront les démons, ils parleront des langues nouvelles, ils prendront en main des serpents...; ils imposeront aux malades les mains et ils guériront."

Je me suis contenté de citer quelques passages de l'Evangile où les mains apparaissent comme un fil conducteur unissant le monde du visible et de l'invisible.

La main de l'homme a cinq doigts; les étoiles comportent cinq pointes. Les points de projection positifs de l'homme sont également au nombre de cinq: la tête, les deux mains et les deux pieds; par ces points, est absorbée et irradiée la puissance magnétique des forces stellaires. Si vous croyez à l'astrologie, vous ne pouvez pas ne pas prêter foi à la chiromancie; en effet, de toutes les parties du corps, les mains sont celles qui peuvent nous fournir le plus de données inconnues. Avoir la "main heureuse", la "main verte", une "main bénie", reconnaître "la main du Créateur,", etc. Nous pourrions multiplier les exemples prouvant que dans l'inconscient collectif la main est une clé magique qui ouvre les portes du mystère.

La main est constituée de 27 os, $3 \times 9 = 27$; ce n'est sûrement pas par coïncidence que le 3 et le 9, symboles de la divinité sont à la base de ce calcul. Ce n'est pas une coïncidence non plus, si la main ouverte forme 4 triangles; les éléments que l'univers embrasse sont au nombre de quatre: le feu, l'air, l'eau, la terre.

Chaque corps a une nature solide et chaque solide contient en lui la nature du plan. Chaque plan résulte de triangles rectangles, isocèles ou scalènes, comme les espaces créés par les doigts d'une main ouverte (figure 1).

Comme nous l'avons déjà précisé, la main est composée de 27 os divisés en trois groupes: les carpes, métacarpes et phalanges; nous essaierons de capter le message véhiculé par

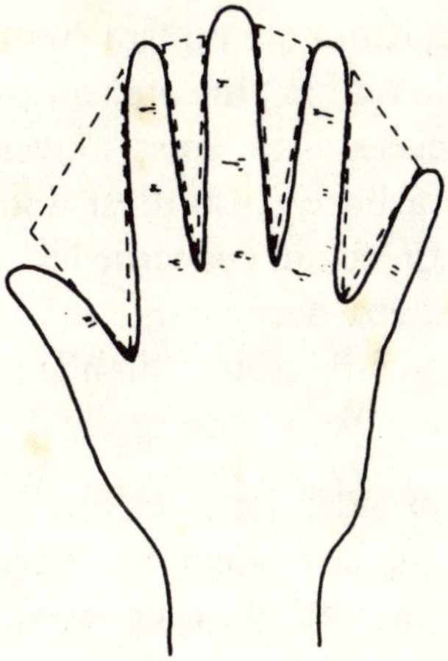

Figure 1

ces trois portions terminales des membres supérieurs, sachant que c'est l'être humain dans son ensemble qui est concerné.

La diversité des os, des articulations et des muscles confère à la main des capacités tactiles et des aptitudes motrices très étendues. Plus que toute autre partie du corps, la main est d'une grande utilité fonctionnelle; elle répond parfaitement aux ordres que lui transmet le cerveau. Ainsi, la main a une fonction spécifique de préhension qui peut se manifester sous la forme de "tenaille", de "poignée", ou de "crochet". La prise en tenaille ou en pince est propre à l'être humain et est rendue possible par la position du pouce par rapport aux autres doigts. Dans notre main depuis notre naissance sont inscrits la durée de notre vie, les inévitables incidents qui troubleront notre existence, les différents événements qui marqueront notre chemin terrestre. Si en examinant une main, l'on remarque que la ligne de vie est brève, on peut essayer d'en chercher la cause qui pourra être une maladie, un accident fortuit ou une mort violente; on pourra de ce fait prendre les mesures nécessaires, en se souvenant que l'homme est doté du libre arbitre et qu'il est donc en mesure de modifier son destin. En ce qui concerne les rapports avec les autres, une main peut être accueillante, dominatrice, implorante, généreuse, mais de toute manière, elle dévoilera toujours ce que notre personnalité recèle de plus caché.

Chacun devrait apprendre à utiliser son corps selon sa nature propre: de cette façon seraient évités certaines maladies et certains accidents graves. Les signes inscrits dans nos mains peuvent nous aider dans ce domaine. Toutefois, le véritable chiromancien ne devra pas se baser exclusivement sur ces signes; il tiendra également compte des perceptions extrasensorielles qui l'envahiront au moment où il s'apprêtera à dire le destin d'un individu donné (bien entendu cette remarque est également valable pour les cartomanciens...). La concentration joue indéniablement un rôle fondamental; si le praticien est en état de grande réceptivité et s'il sait se détacher des influences externes, il aura de meilleures chances de capter d'authentiques messages médiumniques.

Certains chiromanciens ne parviennent pas à percevoir le message, mais sans doute s'agit-il de personnes attirées surtout par l'appât du gain et qui fondent leur lecture exclusivement sur les signes matériels, négligeant les informations extrasensorielles qui sont pourtant d'une importance capitale.

Il faut pourtant posséder une expérience et des connaissances considérables pour être capable de discerner dans une séquence donnée de phénomènes ce qui relève de la prophétie authentique et ce qui est simplement suggéré par les signes apparaissant dans la main. La chiromancie ne prétend pas dévoiler le présent ou le passé, ni prédire, dans ses moindres détails l'avenir d'une personne; elle se contente d'examiner les caractéristiques de la main et des lignes inscrites dans la paume afin de donner des indications valables à l'individu qui sera libre de les suivre ou non. Nous ne traiterons pas exclusivement dans cet ouvrage des "lignes" apparaissant dans la paume, mais de la main dans son ensemble: doigts, ongles, phalanges et détails caractéristiques. La main ne dévoilera pas uniquement le futur, elle mettra également en lumière le caractère et les tendances plus ou moins cachées.

Depuis l'Antiquité, l'art de lire la main eut ses adeptes. Déjà, Anaxagore, philosophe grec du Ve siècle avant J. - C. n'excluait pas que dans la forme de la main figurent des signes révélateurs des tendances de l'homme. Il rédigea un ouvrage *Sur la nature* dont il ne nous est parvenu hélas que des fragments. Dans cet ouvrage, il soutenait la thèse selon laquelle la main est dépositaire de tous les secrets de la vie: du libre arbitre à l'inspiration, de l'intelligence aux mystères de la matière.

La main: correspondances et analogies

Nombreuses sont les sciences qui tentent de comprendre l'homme et ses innombrables mystères et parmi celles-ci la chiromancie n'est certes pas la dernière...

Les radiesthésistes, eux-mêmes, recherchent les maladies du corps en examinant la paume de la main gauche du malade. Afin de pouvoir procéder à une lecture compréhensible, ils divisent la main en 19 parties (figure 2). Voici les 19 zones de la main selon la classification de Bost.

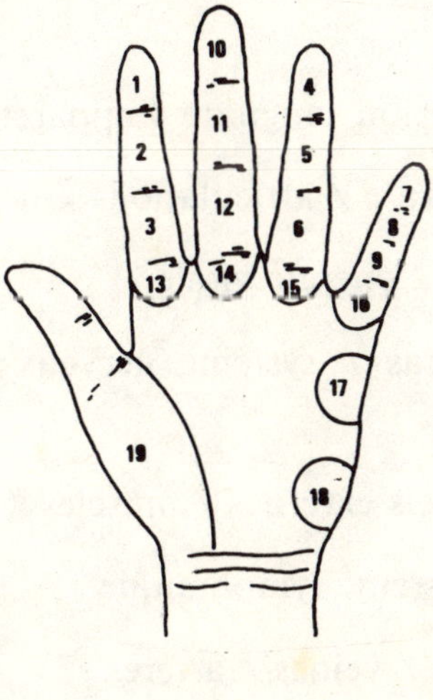

Figure 2

A chaque numéro, correspond une partie du corps:

1 = cerveau/tête

2 = gorge / larynx

3 = bras / main / épaule

4 = plexus solaire / thorax

5 = estomac / diaphragme

6 = ventre / intestin

7 = rein / épine dorsale

8 = organes sexuels internes / voies urinaires

9 = cuisses / hanches / anus

10 = genoux

11 = jambes / chevilles

12 = pieds

13 = foie / circulation sanguine / appareil digestif

14 = os / dents / rate / articulations / nerfs

15 = cœur / sang / énergie vitale

16 = cerveau / bras / système nerveux / poumons / bronches

17 = organes sexuels externes / muscles / nez / bile

18 = poitrine / système lymphatique

19 = seins / gorge / veines / artères

Comme vous l'aurez sûrement déjà remarqué, certains organes correspondent à certaines phalanges des doigts et aux petits "monts" de la paume. Cela nous permet d'effectuer un premier contrôle de l'état de santé des organes simplement en examinant les différentes parties de la main.

Considérons maintenant que le pendule utilisé par les radiesthésistes ne fonctionne jamais de la même manière sur une partie saine et sur une partie malade; il faudra donc avant tout faire un premier test sur le creux de la main que l'on étudie; il vous faudra en fait trouver la bonne longueur du fil et vérifier la manière dont il tourne ou oscille. Supposons qu'il se déplace dans le sens des aiguilles d'une montre; nous saurons alors que l'état normal de l'individu est représenté par cette rotation. Par conséquent, si, en commençant par les phalanges, nous inspectons calmement et méthodiquement les 19 points indiqués sur la figure 2, nous verrons immédiatement quelles sont les zones sur lesquelles le pendule tourne dans le sens contraire au sens normal; nous en tirerons alors la conclusion qu'il existe un dysfonctionnement dans la zone indiquée. Constate-t-on une rotation de ce type au-dessus de la zone 13? La personne examinée pourrait souffrir de troubles circulatoires, hépatiques ou digestifs. Laquelle de ces trois possibilités est exacte? Pour le savoir, il suffit d'inscrire sur un morceau de papier les noms des trois organes incriminés et de les examiner à l'aide du pendule. Lorsque celui-ci tournera dans un sens inverse de celui des aiguilles d'une montre, le radiesthésiste pourra déterminer avec certitude quelle est la zone malade.

Les signes et les lignes inscrits dans la main sont uniques et l'on ne trouvera jamais une "ligne de vie" ou un "mont de Mercure" identique chez deux personnes. Ainsi, les lignes imprimées sur le pouce, les fameuses empreintes digitales, forment un dessin caractéristique et constituent une méthode d'identification personnelle. Nous pouvons donc avoir la certitude que nos mains sont différentes de celles de nos semblables; tout comme notre destin, gravé dans la paume de la main, sera toujours différent de celui d'un autre individu. Il existe une analogie entre les mains et le corps: en effet, lorsque l'on ouvre les bras, le corps prend une forme triangulaire (plus précisément en croix) dont la hauteur et la largeur sont identiques. C'est exactement ce que l'on peut constater pour les mains.

Pour illustrer notre propos, prenons l'exemple d'un individu mesurant 1,80 m et voyons les proportions indiquées sur la figure 3.

Ouverture des bras = hauteur du corps.

Du centre du front au médium (gauche ou droit) les bras ouverts, on a la moitié de la hauteur.

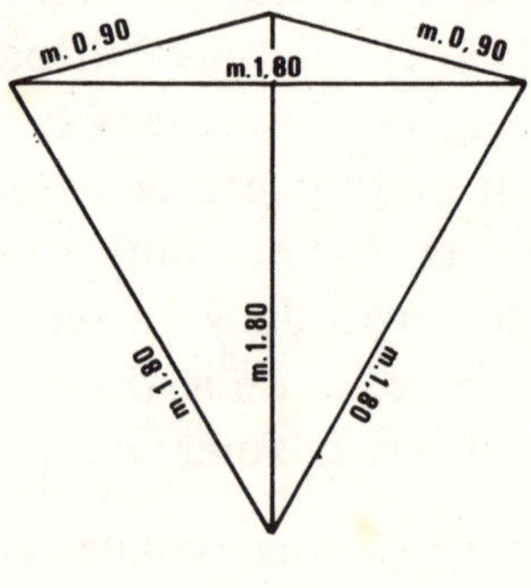

Figure 3

On peut reporter ces proportions à la main. La distance comprise entre l'auriculaire et le pouce de la main est égale à un neuvième de la hauteur d'une personne; ainsi, la somme des côtés des triangles imaginaires que l'on forme en tenant les doigts écartés est égale à la moitié de la hauteur de l'individu en question; avec les deux mains, on obtiendra donc la hauteur entière. La figure 4 illustre ce petit calcul. Nous prenons toujours le cas d'une personne mesurant 1,80 m. Les véritables proportions de la main apparaissent sur la figure 5.

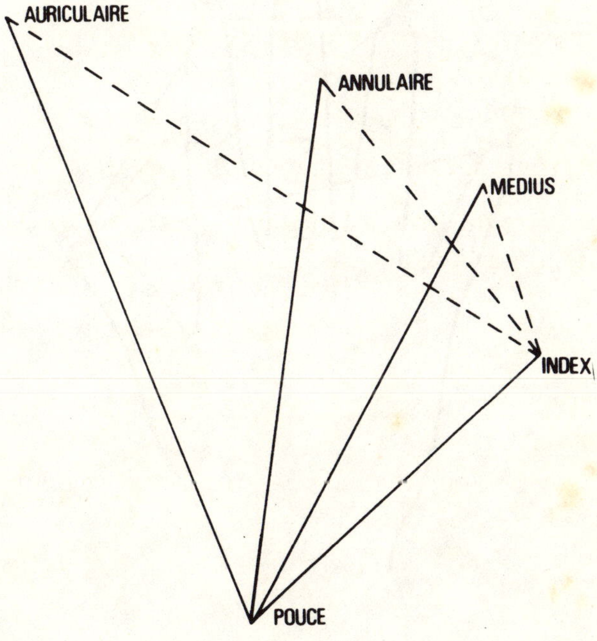

Figure 4

La somme des côtés des trois triangles:

A + B + C

A + D + C

A + E + C

(voir figure 5) est égale à la moitié de la hauteur du corps. En additionnant les côtés des triangles obtenus avec les deux mains ouvertes, on aura donc la hauteur totale du corps.

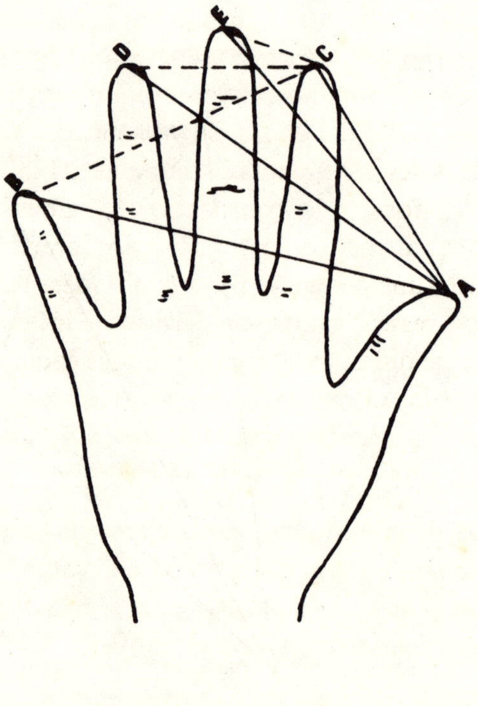

Figure 5

La forme de la main

Une main est aussi représentative d'une personne que peut l'être un visage. Les fines lignes qui la sillonnent sont comparables aux rides "d'expression"; et tout le monde sait que la manière dont la main se déplace pour inscrire des lettres sur un papier révèle des choses surprenantes... La main peut exprimer tous les sentiments: l'humanité, l'intelligence, la cruauté... La forme, la consistance, le mouvement de la main suffisent à mettre en lumière un caractère. Lorsque l'on rencontre une personne pour la première fois, l'impression que l'on ressent est de toute évidence influencée par les traits du visage qui nous attirent ou nous repoussent; si nous prenons la peine d'observer les mains de notre prochain, nous éprouvons presque toujours une attirance ou une répulsion, rarement nous restons indifférents.

Pour plus de commodité, nous classerons les différentes formes de mains en sept catégories. En réalité, ces subdivisions ne sont jamais aussi tranchées et les différents types se recoupent souvent chez un même individu.

Ces sept catégories sont les suivantes:

— la main *élémentaire* à large paume, doigts et ongles courts et carrés;

— la main *pratique* qui se distingue par des doigts en spatule;
— la main *utile* aux doigts carrés et courts;
— la main *artistique* aux doigts élégants et fuselés;
— la main *philosophique* aux doigts noueux;
— la main *physique* qui, en théorie du moins, devrait être la main idéale;
— la main *mixte*, la plus commune, qui présente différentes caractéristiques empruntées aux différents types précédemment cités; c'est la plus difficile à déchiffrer.

LA MAIN ELEMENTAIRE (figure 6)

La paume est très développée et épaisse; les doigts sont courts et rigides, les ongles presque ras, le pouce tronqué. C'est la main des personnes assez frustres, peu sensibles aux

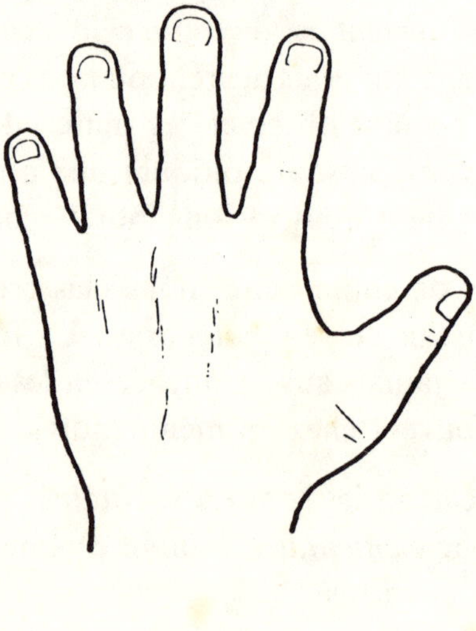

Figure 6

désirs élémentaires. En général, ceux dont les mains correspondent à cette description ont une intelligence limitée, ils sont dépourvus d'idéal et ne recherchent que le bien-être physique. Ils sont plutôt destinés à des travaux grossiers; toutefois, la longueur des doigts, corrigeant la disproportion de l'ensemble, atténue ou amplifie les qualités annoncées.

LA MAIN PRATIQUE (figure 7)

Les doigts aplatis s'élargissent en spatule vers la pointe. La paume est large, le pouce développé. Cette main est caractéristique d'individus très actifs, dotés d'un fort esprit d'initiative et d'une intelligence instinctive; ils sont expansifs, résolus et audacieux. Malheureusement, ils sont aussi souvent trop orgueilleux. Ombrageux et impulsifs, ils n'ont

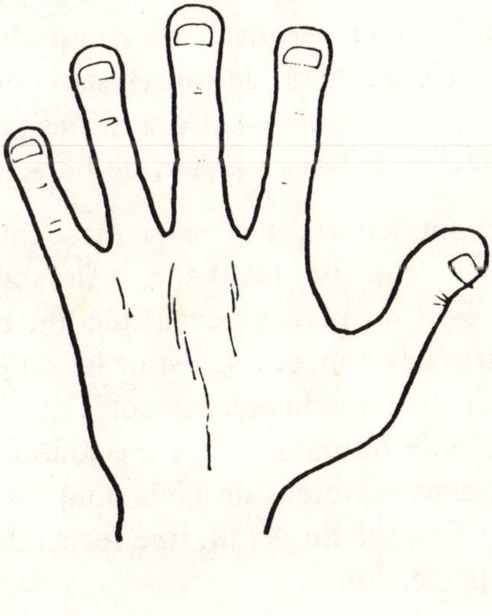

Figure 7

aucun sens artistique. Ce sont des personnes tenaces, fidèles en amour comme en amitié. Cette main “en spatule” est celle des commerçants, des navigateurs et des explorateurs. Elle est liée à un goût prononcé pour les sciences exactes, les mathématiques et la mécanique.

Si la forme est moins marquée et les doigts plus “rectilignes”, les qualités et les défauts décrits ici seront atténués.

LA MAIN UTILE (figure 8)

D'ordinaire, il s'agit d'une main de dimension moyenne. La paume est carrée et plate, les doigts se terminent brusquement comme s'ils avaient été taillés nets, les ongles sont courts et carrés. C'est la main de personnes pratiques, ponctuelles, ordonnées et persévérantes qui se laissent guider uniquement par la raison et dont la sphère d'intérêt est limitée à l'aspect matériel de l'existence. C'est l'une des formes les plus communes; on la retrouve chez de nombreux dirigeants d'entreprise, de banquiers, de cadres supérieurs, de militaires de carrière, d'instructeurs. Ce sont des personnes d'une grande honnêteté, de bons pères et de bons maris.

Si les doigts sont courts et carrés, c'est le calcul et le scepticisme qui prévalent. En revanche, s'ils sont longs, mais toujours carrés, les capacités de déduction et de raisonnement seront très développées. Lorsque les doigts sont en forme de spatule, les individus seront dotés de génie créatif, en particulier dans le domaine de la mécanique de précision. Les doigts noueux dénotent un goût pour les sciences exactes, un amour forcené du détail, une recherche presque maniaque de la perfection.

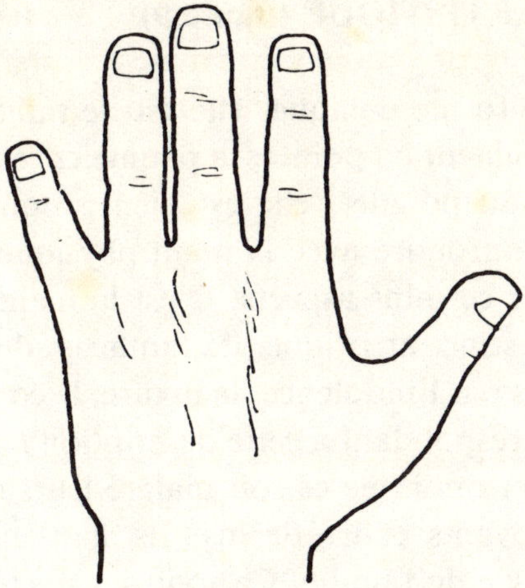

Figure 8

Des doigts fuselés sont signe d'imagination et de persévérance; toutefois, si ces doigts sont pourvus d'ongles longs et parfaits et sont associés à une paume carrée, ils peuvent indiquer soit un sens artistique inné et un grand raffinement, soit une certaine inconstance, un caractère capricieux et un comportement illogique.

Dans ce groupe, le type le plus répandu est celui associant une paume carrée et des doigts mixtes; c'est indéniablement la main la plus "positive": elle dénote une intelligence rapide, un bon équilibre entre instinct et raison, une grande assurance, des objectifs bien déterminés.

LA MAIN ARTISTIQUE (figure 9)

Elle a une forme conique, elle est de taille moyenne, ses doigts se terminent en pointe, la paume est étroite au niveau de l'attache du poignet, elle est bien proportionnée. Il ne faut pas la confondre avec la main physique à laquelle elle ressemble par certains aspects. C'est la main des impulsifs, dotés d'un instinct artistique, de fantaisie, du goût de beau, mais dominés par l'indolence, la luxure, le cœur. Souvent les individus correspondant à cette description ne réussissent jamais à réaliser quoi que ce soit malgré leurs qualités, car ils sont imprévoyants et irréfléchis. Ils sont inconstants, peu adaptés à la vie de famille. Ce sont des poètes, des artistes, des inventeurs.

Qualités et défauts sont atténués par la longueur des phalanges, la nodosité des jointures, par les lignes de la paume.

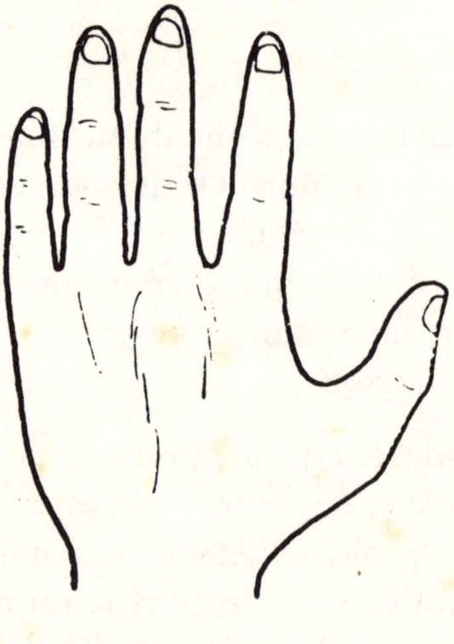

Figure 9

LA MAIN PHILOSOPHIQUE (figure 10)

C'est celle des grands penseurs, emblème de la logique, de l'équité, du goût pour les sciences expérimentales et le raisonnement. Elle a une forme allongée, anguleuse, les doigts sont osseux, plus gros à la jointure des phalanges, les ongles sont longs et arrondis. Si les nodosités se trouvent entre la première et la deuxième phalange (pointe des doigts), c'est l'élément psychique qui prévaut; si, au contraire, elles se trouvent entre la seconde et la troisième phalanges, ce sont les facteurs physiques et matériels qui dominent.

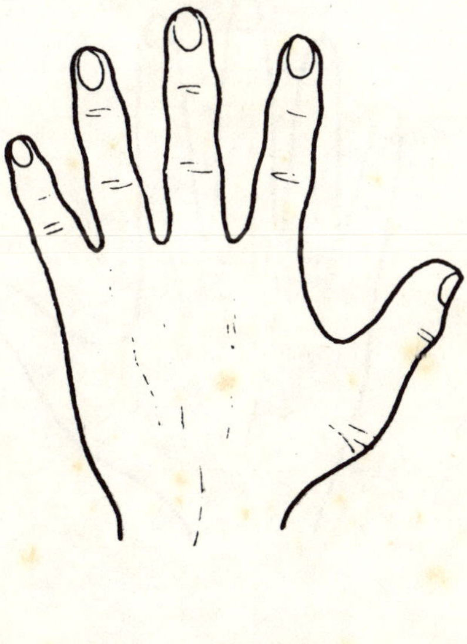

Figure 10

LA MAIN PHYSIQUE (figure 11)

C'est une main esthétiquement parfaite. La paume est petite et ovale, les doigts fragiles et lisses tendant à se rencontrer en une pointe idéale. Les ongles sont longs et arrondis à la base et au sommet, le pouce est petit et élégant. On trouve rarement une main de ce type qui indique une nature spirituelle, sensible et élevée, ouverte à toute forme de beauté. Elle appartient à des individus impressionnables, incapables d'affronter les difficultés de l'existence et de se préoccuper des choses matérielles; elle indique l'absence totale du concept d'ordre, de ponctualité, de discipline. C'est la main d'un rêveur, d'un idéaliste voué à la vie contemplative. Il s'agit rarement de personnes heureuses.

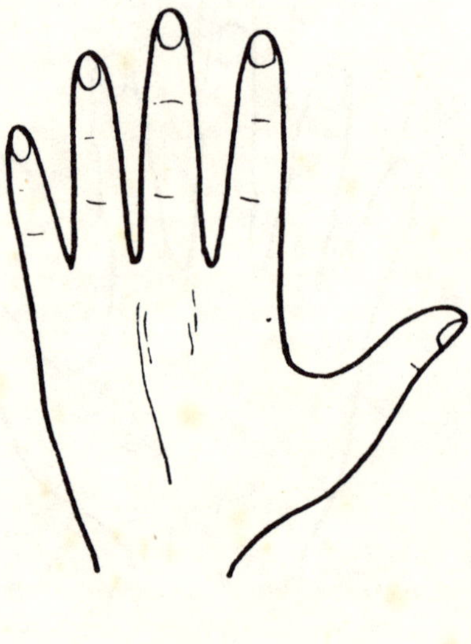

Figure 11

LA MAIN MIXTE (figure 12)

C'est la plus complexe et, de ce fait, la plus difficile à décrire et à interpréter. Elle possède certaines caractéristiques de chacun des autres types de main, et il est facile de se tromper à son sujet. Seule une étude attentive peut permettre de discerner les traits caractéristiques qui la distinguent. Ces mains "mixtes" sont également appelées mains "fusionnelles"; elles appartiennent à des personnes ayant des dispositions et des aptitudes variées, des idées claires et précises, une certaine capacité d'adaptation et de la constance. Les individus qui en sont dotés réussissent souvent brillamment.

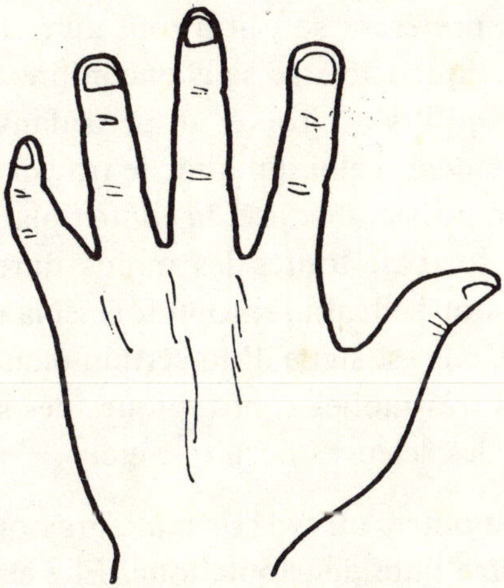

Figure 12

Toutes les qualités et tous les défauts des différents types que nous avons décrits varient notablement en fonction d'autres caractéristiques et détails qui en modifient les lignes générales.

Nous avons abordé la forme de la main vue dans son ensemble. Reprenons maintenant ce sujet d'une manière plus détaillée en observant de près la paume et les doigts. Même si deux mains peuvent sembler, de prime abord, identiques, nous nous rendrons compte après un examen plus approfondi, qu'il n'en est rien. Deux personnes n'auront jamais des mains identiques. Supposons que nous examinions les mains de deux personnes: toutes deux ont les doigts aplatis, presque en spatule, mais, détail important, l'une a la main dure, l'autre a la main molle. Les deux personnalités seront à l'évidence différentes. Celle qui a une main dure est portée au mouvement, elle recherchera une vie active et laborieuse. Celle qui a une main plus molle aura une certaine tendance à la paresse et préférera son lit à tout autre lieu. En effet, le fluide énergétique traverse sans encombre la main sèche et dure, tandis qu'il s'attarde et se perd dans la main molle. Incontestablement, celui qui aime le travail a moins tendance à goûter la poésie, l'extase, la contemplation. Quelles que soient leurs formes, toutes les mains dures dénotent une personnalité non sédentaire; toutefois, si la main est excessivement dure, elle est signe d'un certain manque d'intelligence; les mains très molles sont typiques des sujets attirés par l'ésotérisme, les sciences occultes, etc.

Il existe, en outre, un type de main grassouillette et douce, qui semble être faite de caoutchouc. Elle exprime la recherche du plaisir et de la jouissance. Une autre catégorie est constituée par les mains lisses, aux doigts quasiment pointus, avec des fossettes, dotées d'une paume charnue et dure, d'un pouce court et d'un mont de Vénus (base du pouce) particulièrement développé. C'est la main d'un individu qui se laisse souvent aller à commettre des erreurs et est conditionné par sa sexualité. Une personne ainsi dominée par ses instincts est rarement sensible à des notions telles que la charité, l'amour et la spiritualité; ce sont des matérialistes, indifférents à l'idée de divinité. La vanité et la recherche du plaisir prévalent.

Ces mains ont une couleur nacrée particulière. La nature voulant peut-être souligner les contrastes, celui qui est pourvu d'une main molle mais rugueuse est sûrement franc plein de rectitude et de bonté.

Au contraire, une main dure et rugueuse, en particulier lorsque les ongles sont à moitié de chair, révèle un caractère difficile enclin à tourmenter son prochain.

Si la main voluptueuse appartient à une femme, et si les phalanges de la volonté et de la logique sont très développées, on aura alors affaire à une personne dangereuse. En effet, dotée de telles caractéristiques, elle n'irradiera pas, mais absorbera l'énergie présente autour d'elle. Celui qui possède des mains de cette sorte aura tendance à prendre plus qu'à donner, et à jeter ce qui ne lui sert plus.

Il existe encore d'autres types de mains, celles que nous avons baptisées "mixtes" et qui n'appartiennent à aucune des catégories définies plus haut. Par exemple, elles ne sont pas complètement carrées, ni pointues, ni en spatule. Elles se différencient des mains aux caractéristiques nettes qui constituent de "véritables" types.

En ce qui concerne la main "simple" ou élémentaire, son aspect est, à première vue, celui d'une main forte aux très gros doigts mous et à la paume exagérément large. C'est la main de celui qui veut briller dans le domaine matériel, qui se veut courageux et physiquement fort. Son intelligence et son imagination sont paresseuses. Les doigts de cette main, pouce compris, sont courts; cela indique une incapacité à affronter les épreuves de la vie. Celui pourvu d'une main de ce type et d'un pouce très court est dominé par ses instincts animaux, comme cela se vérifie pour tous les possesseurs de doigts courts et de paume large et épaisse. Des doigts longs évoquent la souplesse, la délicatesse, ils sont liés à l'action, tandis que les doigts courts sont associés à la pondération, l'embarras, la soumission. Les doigts longs et fuselés reçoivent plus facilement l'inspiration divine qui est par la suite filtrée par la raison et traduite en action avec un profit maximum. En ce qui concerne les doigts courts, ce passage se fait trop rapidement et d'une manière imprécise. Les premières sont souvent les mains d'inventeurs, d'artistes, de poètes, les secondes sont souvent associées à la réussite au plan matériel.

Avant d'aborder les lignes de la main, voici un bref résumé des caractéristiques somatiques de cette noble extrémité.

• Mains *dures*: elles sont synonymes d'activité.

• Mains *molles*: elles dénotent une certaine paresse, mais si les doigts sont légèrement aplatis, elles indiquent un goût pour les évasions spirituelles.

• Doigts *courts*: ils sont caractéristiques d'individus portés à la synthèse.

• Doigts *longs*: ils indiquent une tendance à l'analyse, recherche du détail.

• Doigts *effilés*: ils appartiennent, en général, aux amateurs d'art et de poésie; si cette caractéristique est très marquée, elle peut dénoter une certaine tendance au mensonge.

• Doigts *carrés*: ils révèlent le goût de l'ordre et de la réflexion; s'ils le sont d'une manière trop évidente, ils peuvent être liés à une véritable obsession pour l'ordre.

• Doigts *lisses*: ils sont caractéristiques de personnes inspirées; si les doigts sont excessivement lisses, la personne est probablement très distraite.

• Doigts *noueux*: ils appartiennent aux calculateurs, à ceux qui raisonnent trop; si cette caractéristique est très marquée, on a affaire à un égoïste.

• Si les premières phalanges de tous les doigts sont *aplatis,* cela signifie que la personne concernée est intéressée par le sport et les activités physiques.

• La *première* phalange de chaque doigt représente le divin, le mysticisme; la *deuxième* l'intelligence, la *troisième* l'instinct.

• Sur le pouce, la *première* phalange indique la volonté, la *deuxième* le raisonnement, la *troisième* qui se trouve sur le mont de Vénus l'amour sensuel.

Les doigts de la main

Tout ce qui précède constitue en fait une introduction nous permettant d'aborder le monde fascinant de la chiromancie, le véritable thème de ce livre. Apprendre à connaître le présent, le passé et le futur grâce à l'étude approfondie et l'analyse complète de la main, voilà quel sera l'objectif ambitieux de ce petit traité. Nous commencerons par les doigts et plus précisément par le pouce.

LE POUCE

Premier doigt de la main, il est constitué de deux phalanges visibles, la troisième étant sa base ou racine (nous donnerons quelques détails plus loin).

Grâce à une capacité particulière de mouvement qui lui permet de s'opposer aux autres doigts, le pouce rend la main humaine très habile lorsqu'il s'agit d'exercer une prise ou de tenir un objet.

Chez les singes, le pouce est peu flexible et ne se place donc pas véritablement en opposition avec les autres doigts; on pourrait le définir comme une sorte d'éperon mobile. Le pouce humain, lui, est placé de telle manière qu'il peut toujours agir dans le sens opposé à celui des autres doigts.

Le pouce de la main humaine semble symboliser l'opposition morale à nos instincts et à nos sens. Les hommes, comme les animaux, ont une volonté instinctive; le pouce oppose la décision logique et la raison née à ce comportement irrationnel. Le pouce est la raison et l'amour matériel.

La première phalange

La première phalange de tous les doigts, et donc celle du pouce également, "communique" avec la lumière des astres. Un pouce doté d'une première phalange longue et forte tire de l'énergie stellaire une volonté puissante et une grande confiance en soi.

Lorsque la première phalange est plus longue que la seconde, nous nous trouvons face à une personne à la volonté tyrannique et excessive. Une première phalange courte indique un manque de volonté, une grande incertitude et un manque de confiance dans ses propres capacités ainsi qu'une tendance à attendre que les décisions soient prises par les autres. Si elle est de taille moyenne, cela signifie que l'instinct de domination n'est pas très développé et que la force de résistance n'est pas particulièrement intense.

La deuxième phalange

La deuxième phalange représente l'intelligence et la capacité de jugement. Selon les proportions entre les deux phalanges, cette qualité sera plus ou moins évidente.

Il convient de se montrer logique dans la lecture de ces détails particuliers. Ainsi, si la première et la seconde phalange sont de même longueur, il est clair que l'on ne se trouve pas face à une personne tyrannique mais simplement très volontaire. Enfin, lorsque le pouce est bien proportionné dans son ensemble cela signifie que l'on a affaire à un individu équilibré: en effet, la passivité est compensée par une dose égale d'énergie. Un homme dont la seconde phalange du pouce est longue et forte est sans conteste à la fois intelligent et peu volontaire. S'il s'agit d'un commerçant, il aura d'excellentes idées, mais il manquera de la volonté nécessaire pour les mettre en pratique; la logique le poussera à agir avec une prudence pouvant confiner à l'excès... Un tel individu pourra être un excellent conseiller pour les autres et non pour lui-même; sa sagesse ne profitera qu'aux autres.

La troisième phalange

Examinons maintenant la troisième phalange du pouce, c'est-à-dire la racine ou la base. Si elle est très développée, l'individu aura une forte tendance à éprouver un amour physique intense. Si la première phalange est longue, cela indique une forte volonté qui contrôlera le désir sexuel, ainsi les instincts, parfois trop puissants, se transformeront en passion tendre et affectueuse. Une personne dont la troisième phalange est très développée et la première courte sera en mesure de résister à la passion, si la seconde phalange est développée. Cette personne devra toutefois se méfier des boissons alcoolisées. Dans la plupart des cas, celui dont la première phalange est courte et la troisième (la racine du pouce) est forte et excessivement développée sera dominé par ses instincts. Sa volonté sera impuissante et la logique ne pourra rien contre la force du désir.

Les "déséquilibrés" ont, en général, les deux premières phalanges très courtes et la troisième développée. Les dictateurs, les dominateurs et les réformateurs ont les deux premières phalanges très longues.

Celui qui est doté d'un pouce dont la première phalange est courte (manque de volonté) et la seconde peu développée (intelligence limitée) ne saura résister à aucun désir et succombera à toutes les passions. Ce sera un individu malheureux: il aimera trop ardemment et souffrira d'amères désillusions. Il sera mélancolique mais plutôt bavard, enclin à raconter ses malheurs à tous propos.

En résumé, nous définirons le pouce comme le "roi" des doigts, puisqu'il représente la volonté, l'intelligence, la capacité de réussir.

LE POUCE PAR RAPPORT AUX LIGNES DE LA MAIN LES PLUS IMPORTANTES

Le pouce symbolise ainsi la vie, l'être, l'homme dans ce qu'il a de plus noble. Etant donné l'importance du pouce qui donne dès le premier instant une idée générale de la personnalité que les autres doigts et lignes de la main ne pourront modifier que partiellement, on juge généralement utile de déterminer les quatre formes les plus courantes de pouces et les relations existant entre ce doigt et les lignes de la main les plus importantes.

La première phalange du pouce qui se trouve en communication avec la lumière astrale est nécessairement divine, comme d'ailleurs les premières phalanges de tous les doigts.

La seconde phalange est le symbole de la logique de la perception, de la capacité de jugement, de la raison: c'est le monde abstrait.

Le mont qui forme la base du pouce, le mont de Vénus est le symbole de l'amour: il occupe la place de la troisième phalange.

Par conséquent, le pouce commande:
— le libre arbitre;
— l'intelligence;
— la matière;
et résume tous les signes de la main.

Une troisième phalange développée signifie que la personne en question a une forte propension à l'amour charnel, une disposition naturelle, un instinct qui peuvent être toutefois atténués par une ligne de cœur peu marquée (voir figure 13).

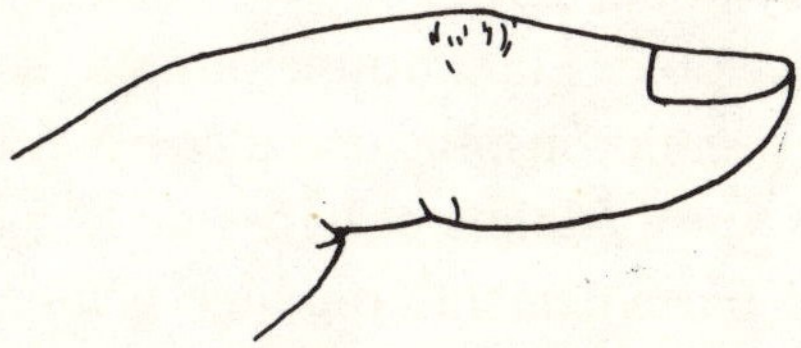

Figure 13
Base du pouce développée (transport et amour charnel)

La ligne de cœur a une grande importance, elle est liée à cette conformation du pouce. Grâce à la longueur plus ou moins grande de cette ligne on peut juger de la force ou de la faiblesse des sentiments. Si elle est absente ou si elle s'amenuise vers le haut et si, au lieu de rencontrer le mont de Jupiter, elle ne dépasse pas la verticale abaissée par Saturne (comme sur la figure 14), l'amour sera sensuel et non spirituel. Ceci sera confirmé sans crainte de démenti, si la troisième phalange est particulièrement prononcée.

L'anneau ou ligne de Vénus (ligne courbe qui part du mont de Jupiter et rejoint le mont d'Apollon après avoir formé une petite anse) n'est pas moins importante. Elle confirme un amour matériel excessif (figure 15).

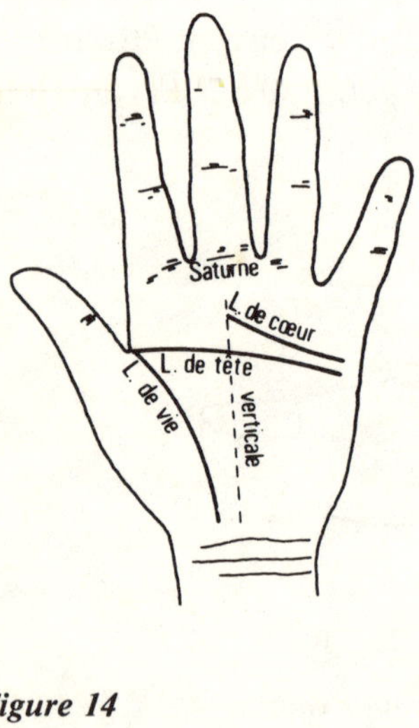

Figure 14

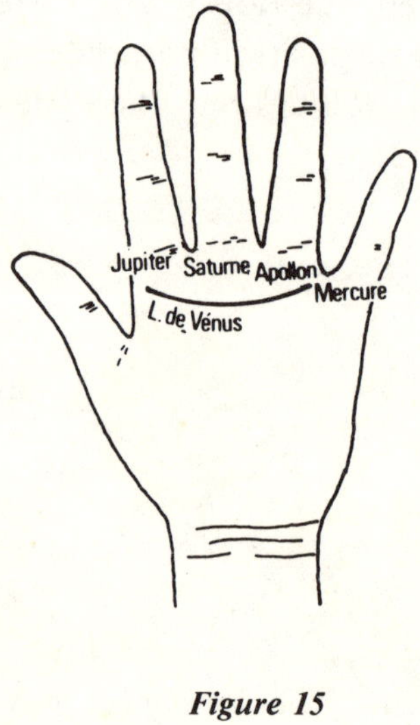

Figure 15

Cet anneau, semblable à une chaîne montagneuse, renferme Saturne et parfois même Apollon, c'est-à-dire la fatalité et la lumière, et laisse libre cours aux instincts libertins de Vénus qui se transforment en amour fou et effréné, si la troisième phalange du pouce est très développée.

Si cette ligne de Vénus est brisée en son centre, comme on peut le voir sur la figure 16, c'est le signe d'une passion effrénée, d'homosexualité, parfois de dépravation, toutefois, si cette ligne de Vénus se trouve inscrite dans une main, qui, bien qu'ayant une troisième phalange importante, est dotée d'un pouce long dans son ensemble (volonté et intelligence proportionnées), sa signification devient tout à fait différente; elle est alors liée à l'amour des arts, de la musique en particulier et indique un remarquable contrôle des instincts.

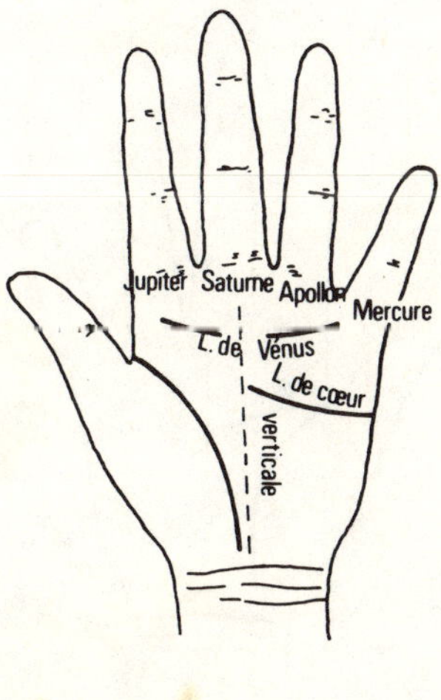

Figure 16

Première phalange longue (figure 17)

La ligne de tête est liée à cette phalange; si cette ligne est pâle et épaisse, elle dénote une intelligence très limitée. Si la ligne de tête ne parvient pas jusqu'à la moitié de la main (comme sur la figure 18), elle indique légèreté et absence de volonté; cependant, si la première phalange du pouce est longue, il existera un certain équilibre.

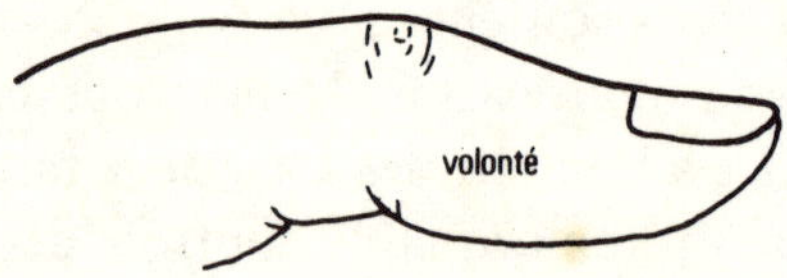

Figure 17
Première phalange plus longue que la seconde (plus de volonté que d'intelligence)

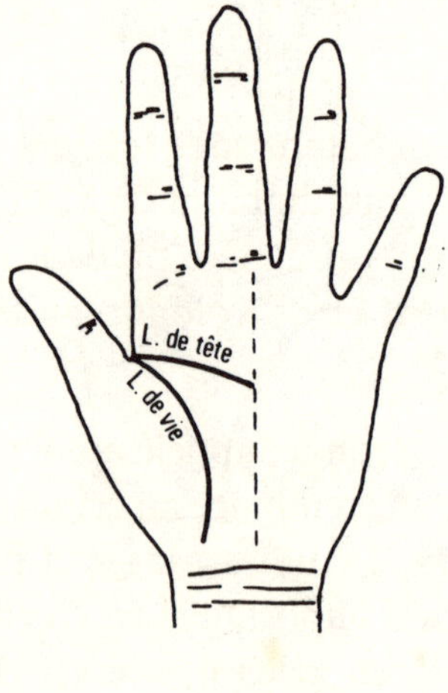

Figure 18

Une ligne de tête longue et profonde (comme sur la figure 19), associée à un pouce dont la première phalange est longue, dénote une grande avarice et un manque de cœur.

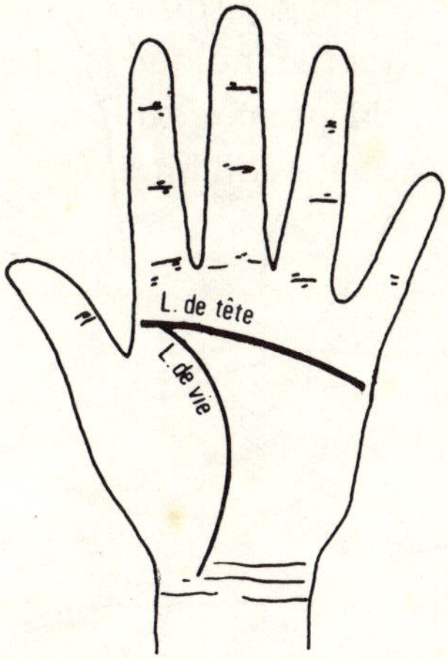

Figure 19

Une ligne de tête débutant sous le mont de Saturne et s'étendant jusqu'en dessous du mont de Mars (comme sur la figure 20) associée à une première phalange de pouce longue est signe d'entêtement et de volonté guidée par une intelligence étroite.

Un pouce de forme ronde, appelé aussi pouce de l'assassin (figure 21), indique une tendance au crime et à la violence, en particulier si la ligne de cœur est large et profonde. La ligne de cœur a une grande importance en chiromancie. Chez les assassins et ceux qui, en général, accordent peu de prix à la

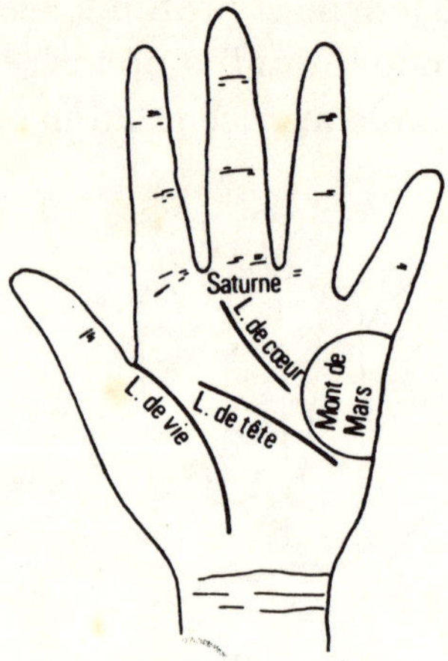

Figure 20

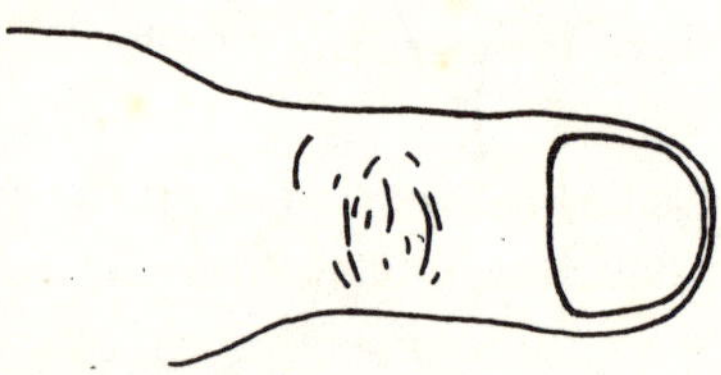

Figure 21
Pouce avec la première phalange très courte et ronde

vie d'autrui, elle est très profonde, large et plus longue que la moyenne. Cette ligne est encore plus marquée chez celui qui risque de tuer un membre de sa famille, son père ou sa mère, même. Dans ce cas, si la ligne de cœur traverse toute la main et si le pouce est arrondi, on ne pourra échapper à son destin. Si la ligne de cœur est très profonde (comme sur la figure 22), et traverse toute la main, elle peut également indiquer un déséquilibre affectif.

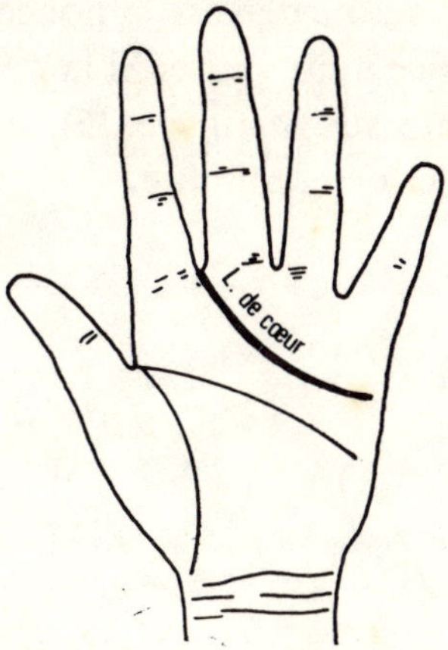

Figure 22

Deuxième phalange longue (figure 23)

Si la ligne de tête inscrite sur ce pouce est longue et fine, peu visible, elle décèlera une certaine légèreté d'esprit, de la distraction et un manque de self-control dû à une faible volonté.

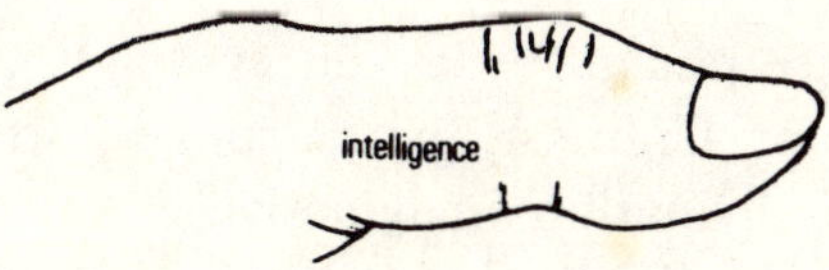

Figure 23
Deuxième phalange plus longue que la première (plus d'intelligence que de volonté)

Si la ligne de tête retourne vers le pouce (figure 24), c'est l'indice d'une disgrâce amoureuse. Si la même ligne remonte vers le nord (comme sur la figure 25), c'est le signe d'un manque de sérieux et de crédibilité.

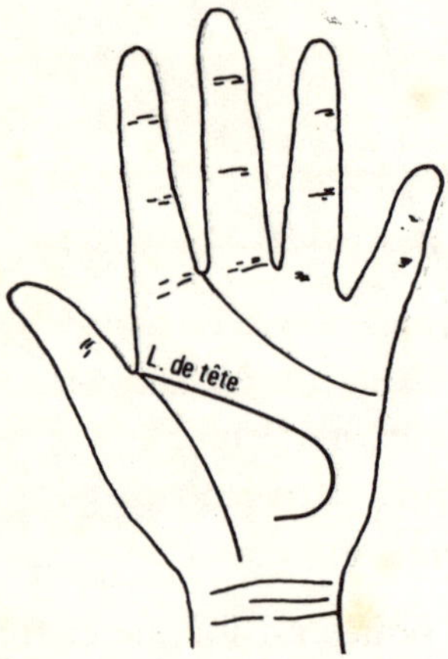

Figure 24

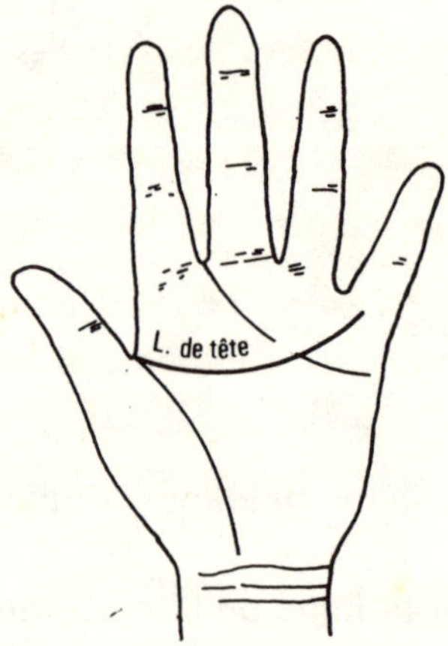

Figure 25

LES AUTRES DOIGTS

Si la première phalange des autres doigts est longue et pointue, on aura affaire à une personne portée à l'extase poétique, à la divination imaginative et inventive. Si les doigts sont carrés, l'individu sera précis, ordonné, raisonnable.

Si les doigts sont aplatis (comme s'ils avaient été "écrasés"), ils dénotent un esprit de décision, un besoin de mouvement, d'activité physique, un grand optimisme, un sens pratique aigu, le goût de l'essentiel, de l'ambition et de l'audace. Les premières phalanges, c'est-à-dire celles portant les ongles, sont dites "divines", parce qu'elles sont les premières à recevoir le fluide céleste qu'elles transmettent au reste du corps.

Les points unissant les différentes phalanges sont les jointures ou "nœuds" et constituent le point de contact et de transmission entre les trois mondes représentés par les trois phalanges: le divin, l'intellectuel et le matériel.

Le premier nœud marque la limite entre le monde divin (première phalange) et le monde de la morale (du sur-moi), le second entre le sur-moi et la réalité matérielle. Ces nœuds constituent des sortes de filtres qui contrôlent les idées, les sensations que la première phalange absorbe. Les personnes chez qui ces limites sont fortement marquées sont probablement très méfiantes; elles doutent de tout et ne croient que ce qu'elles voient. En toute logique, cette fois encore, il faudra tenir compte de la forme de la première phalange.

Chez une personne dont les doigts sont effilés, ces jointures accentuées caractérisent une personne rêveuse et peu réaliste, il s'agira souvent de poètes ou d'artistes.

Chez une personne aux doigts carrés, ces "nœuds" seront un signe d'équilibre, de fermeté, d'honnêteté. Si la première phalange est légèrement aplatie, l'individu en question aura tendance à être ambitieux.

Le nœud entre la deuxième et la troisième phalange est la limite entre la raison (morale) et l'élément matériel. Ce nœud est particulièrement accentué chez les matérialistes, les personnes vénales, les spéculateurs et les égoïstes. Si la troisième phalange est charnue, la personne sera portée sur les plaisirs matériels. Mais il faudra établir une différence entre les doigts en pointe et les doigts carrés et aplatis. S'ils sont effilés, ils dénotent une personnalité méfiante, tourmentée, remettant tout en question en permanence, même sur le plan religieux. Les doigts carrés associés à une deuxième phalange marquée sont spécifiques des personnes attirées par les sciences exactes, puisqu'elles sont ordonnées et précises.

Les doigts aplatis sont signe de vitalité, de goût pour les activités physiques et le mouvement. Mais comme toujours, il existe le risque d'une exagération. Ainsi, l'on peut dire presque à coup sûr qu'une personne dont les doigts sont excessivement effilés aura tendance à se montrer extrêmement irréaliste, encline à se lancer dans de folles aventures, fanatique, que ce soit dans le domaine sportif, religieux ou politique.

Les doigts trop carrés sont caractéristiques des maniaques de l'ordre, incapables de tolérer le moindre écart, peu tolérantes à l'égard de ceux qui manquent de méthode et de régularité.

Les doigts trop aplatis dénotent une agitation incontrôlable et incontrôlée; un goût excessif pour le mouvement et le sport. Ces excès sont surtout visibles chez les personnes dont la première phalange du pouce est très longue (indice de volonté). En revanche, si elle est courte, elle indique un certain manque de décision. Si elle est courte et large, d'une forme presque arrondie, elle dénote de l'entêtement (à ne pas confondre avec la volonté). En fait, un pouce court est signe de volonté inconstante, d'entêtement avec des tendances aux comportements coléreux et à l'instabilité qui peuvent pousser l'individu en question à des gestes irraisonnés tels le suicide ou l'homicide. Dans leurs moments de calme, ces personnes seront mélancoliques et tristes.

Examinons maintenant la longueur des doigts. Celui qui a des doigts courts (bien entendu par rapport à la grandeur de la paume et à la taille générale) est plutôt doté d'un esprit de synthèse. En général, ce sont de “braves gens” peu sophistiqués. En effet, le fluide reçu passe plus rapidement dans ces doigts courts, ce qui incite ces sujets à ne pas s'attarder à des analyses complexes et longues.

Au contraire, celui dont la main est longue aura tendance à tout analyser, à essayer de tout expliquer minutieusement, en particulier s'il est doté de doigts effilés. Une personne possédant une main de ce type sera un observateur tatillon et maniaque des actes et du langage d'autrui.

Dans l'étude des doigts de la main, il ne faut cependant pas négliger les ongles qui ont, eux aussi, leur code. Les ongles reflètent essentiellement les qualités physiques, ou plutôt l'état de santé général de même que les prédispositions héréditaires.

En ce qui concerne la forme, on divise les ongles en quatre catégories:

— les ongles longs;
— les ongles courts;
— les ongles larges;
— les ongles étroits;

et aucun soin si minutieux soit-il ne pourra modifier ces caractéristiques fondamentales.

Des ongles longs indiquent une santé fragile; si, en outre, ils sont ovales et bombés, l'individu examiné sera sûrement faible des poumons.

Le même type d'ongles, mais plus courts et arrondis, est caractéristique de sujets souffrant des bronches; plus petits et ovales, ils sont signes d'une tendance aux maux de gorge.

Si les ongles sont longs, très larges à la pointe et d'une couleur bleuâtre, ils indiquent une mauvaise circulation sanguine et un système nerveux altéré.

Ceux qui sont trop courts, sans la lunule blanche qui se trouve habituellement à la base, sont le signe d'une tendance aux maladies de cœur.

S'ils sont triangulaires, d'un blanc brillant, avec une lunule à peine marquée, ils indiquent une prédisposition à la paralysie. Si l'ongle semble enfoncé dans la chair, cela peut être un indice de maladie nerveuse et cérébrale.

Des ongles étroits, allongés, recourbés au sommet et bombés sont généralement observés chez les sujets atteints de maladie de la colonne vertébrale.

Pour conclure ce passage consacré aux doigts, rappelons que le pouce est le doigt qui a toujours "le dernier mot". En effet, c'est par lui que nous recevons le fluide vital. Il peut modifier les indications données par les autres doigts. Ainsi, même si une personne a les mains molles, ce qui est un indice de paresse, le fait que la première phalange de son pouce soit très longue signifiera que ce sujet est travailleur et doté d'un solide sens du devoir.

En fait jusqu'à présent nous vous avons présenté en réalité les thèses de la "chirognomonie" (*chiro* main en grec). Notons au passage que le centaure nommé Chiron était surnommé par Plutarque le “sage”. Ce nom est le symbole de la main par excellence, puisque ce personnage était particulièrement doué pour la musique, la chirurgie et la gymnastique...

Il existe d’autres méthodes permettant de discerner les caractéristiques physiques et psychologiques d’une personne. En voici quelques-unes.

- La phrénologie permet de déduire les tendances psychiques d’une personne grâce à la forme de son crâne. Cette discipline élaborée par Gall, médecin allemand, a eu le mérite d’ouvrir la voie à la théorie moderne des localisations cérébrales.

- La physiognomonie détermine les caractères d’individus particuliers en en étudiant les traits somatiques. Le spécialiste le plus connu dans ce domaine est Lavater qui a écrit un traité célèbre: *Fragments de physionomie pour le progrès de la connaissance et de l’amour de l’homme*. Johann Kaspar Lavater, philosophe et théologue suisse, soutenait l’existence d’une relation constante entre le caractère des individus et leurs traits somatiques. En d’autres termes, l’homme visible n’est que l’image de l’homme invisible; le corps et l’esprit sont similaires.

- La chiromancie, qui étudie la main, complète l’analyse d’un individu. Depuis la nuit des temps, la main a toujours été considérée comme un symbole de force et de pouvoir. La main représente l’homme en miniature; de par son harmonie et la volonté qu’elle transmet à l’extérieur, elle fait partie du monde. Lorsque l’on étudie la main, l’on apprend que le corps n’est pas uniquement source d’instincts égoïstes et que l’esprit n’est pas seulement capable de nobles sentiments. En observant le comportement et les attitudes d'un sujet, il est peut-être possible de comprendre s'il est matérialiste ou spiritualiste. Pourtant, des attitudes peuvent être étudiées et le comportement peut ne pas être sincère; mais ce que révèle la lecture de la main ne peut en aucun cas être camouflé ou dissimulé!

Les monts de la main

Si nous observons la figure 26, nous constatons qu'outre les lignes sillonnant les mains, il se trouve aussi dans la paume un certain nombre de renflements et de dépressions. Ces proéminences existent sur toutes les mains et sont appelées monts. Nous allons maintenant examiner leur signification.

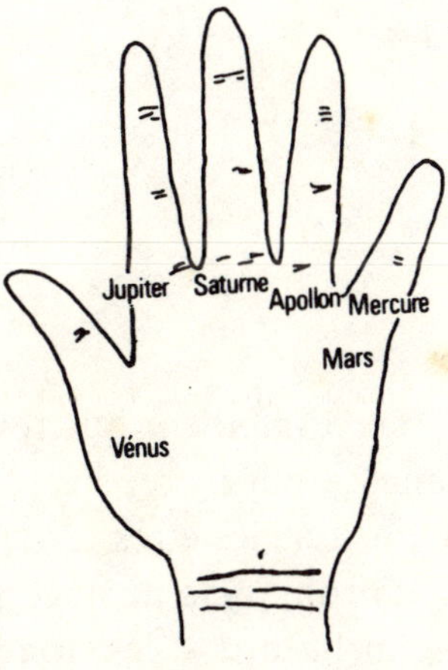

Figure 26

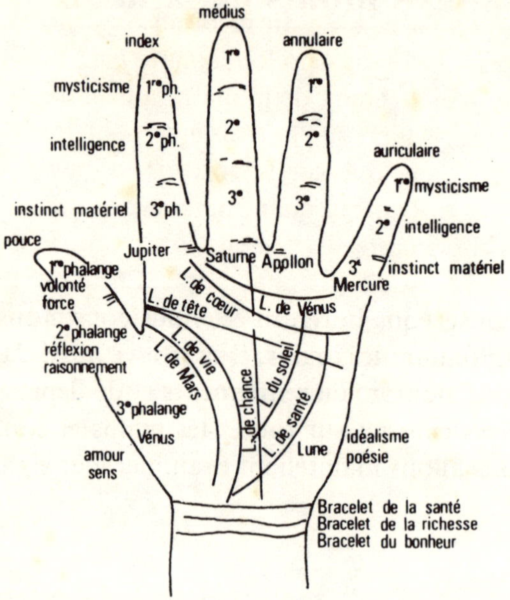

Figure 27
Topographie de la main

Vous constaterez immédiatement que tous ces monts portent le nom de la planète dont ils reçoivent l'influx. Grâce à l'astrologie, nous savons que les êtres vivants sont influencés par les planètes et la chiromancie ne néglige pas cette information: ce n'est pas un hasard si les noms des planètes les plus importantes sont repris: Jupiter, Saturne, le Soleil, la Lune, Mercure, Vénus, Mars (figure 27).

Comme on peut le voir sur la figure 28, sous l'index, se trouve Jupiter, à la base du médium Saturne, à la base de l'annulaire le Soleil ou Apollon, sous le petit doigt, Mercure, tandis que dans le creux de la main, au centre de la paume, nous trouvons Mars, sur la troisième phalange du pouce se situe Vénus, alors que sur le bord de la paume externe, se trouve la Lune. Dans la main, nous avons donc les sept planètes, la paume étant divisée en trois monts et les doigts en quatre sections (monts et phalanges). En ce qui concerne les monts, on pense logiquement que les caractéristiques correspondantes seront plus ou moins évidentes en fonction de leur superficie et de leur importance.

Analysons d'abord les monts situés à la base de l'index, du médium, de l'annulaire et de l'auriculaire.

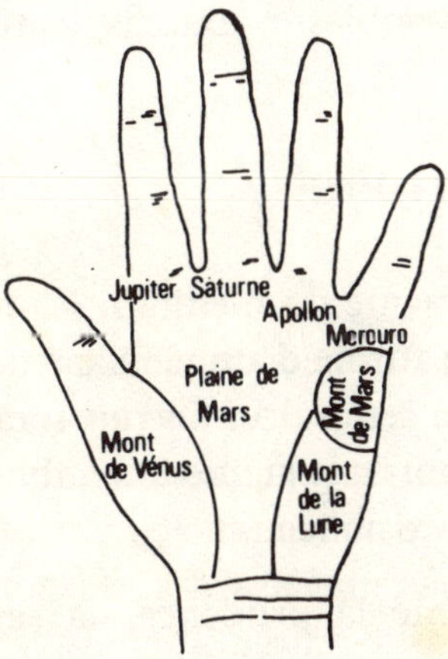

Figure 28

LE MONT DE JUPITER

Il se trouve à la base de l'index. Jupiter, dieu suprême de la religion païenne, est généralement représenté sous les traits d'un homme majestueux et barbu, assis sur un trône, la foudre dans la main droite et dans la gauche une victoire qui a un aigle à ses pieds. La victoire signifiait que le dieu était toujours vainqueur; l'aigle, quant à lui, est le roi des oiseaux sur lesquels il règne sans partage; pourtant il s'incline devant la puissance de Jupiter.

Le mont de Jupiter indique le goût pour le commandement, la religiosité, les nobles ambitions, la soif d'honneurs, la joie, l'amour de la nature, le bonheur en amour.

Si ce mont est très accentué, la religiosité devient superstition; l'ambition désir de domination, l'amour jalousie et égoïsme.

Si ce mont n'apparaît pas, on aura des doutes religieux, peu de dignité et de noblesse, une disposition à la vulgarité.

LE MONT DE SATURNE

Il se trouve à la racine du médium. La mythologie représente ce dieu sous la forme d'un vieillard portant une faux à la main, symbole du temps qui détruit toute chose, ou bien avec un serpent se mordant la queue symbolisant l'éternité et les vicissitudes de l'existence.

Ce mont représente la prudence, la sagesse, la soif de connaissance, le temps qui dévore, après douze mois, son propre enfant, c'est-à-dire l'année.

Si ce mont est plutôt accentué, il dénote un caractère renfermé, porté à l'ascétisme, à l'amour de la solitude, à la tristesse, au suicide et à la vengeance.

S'il est peu marqué ou totalement absent, la vie sera malheureuse et privée de signification.

LE MONT D'APOLLON

Ce mont se trouve à la racine de l'annulaire. Il subit les mauvaises et bonnes influences d'Apollon, le plus beau des dieux païens, protecteur des arts et de la musique; il indique la chance, le risque, la gloire, le succès, la générosité et l'amour des arts.

Si le relief à la base de l'annulaire est plutôt prononcé, on aura de la passion pour l'argent, la luxure et un grand désir de notoriété.

Si ce mont est absent ou peu élevé, le sujet aura un goût évident pour les affaires et le commerce et se désintéressera totalement de l'art.

LE MONT DE MERCURE

Son siège est à la base de l'auriculaire. Mercure, l'interprète des désirs de Jupiter et des autres dieux, était également leur messager. Sa rapidité était accentuée par son casque et ses pieds ailés. Il protégeait les marchands, les voyageurs, les voleurs et les orateurs. Ce mont indique une grande éloquence, une intelligence vive, la capacité d'atteindre des objectifs précis, et un talent pour le commerce et les sciences.

Si ce mont est particulièrement marqué, ces caractéristiques deviendront de la fourberie, de l'astuce, de la perfidie; méfiez-vous d'une personne chez qui il est très accentué: ce pourrait fort bien être un escroc ou un voleur.

S'il est inexistant, le sujet ne s'intéressera guère ni au commerce, ni à la science; sa vie risque d'être en peu morne et négative (c'est d'ailleurs ce qui se passe chaque fois qu'un mont est totalement absent).

Les quatre monts cités sont entourés par la ligne de cœur qui part du sommet du mont de Jupiter ou de la base du mont de Saturne, excluant dans ce cas, Jupiter. Tout ce qui se trouve à l'intérieur de cette ligne est défini comme le monde divin. La ligne se situant entre le mont de Jupiter et le pouce et traversant horizontalement presque toute la main est la ligne de tête.

Les lignes de tête et de cœur sont citées ici, afin de mieux expliquer la position des autres monts dans la paume. Entre la ligne de cœur et la ligne de tête, sous Mercure, se trouve le mont de Mars. Sous le mont de Mars est situé le mont de la Lune. Le mont de Vénus comprend toute la racine du pouce.

Au centre de la paume se trouve la plaine de Mars.

Parlons maintenant des monts situés dans la paume: Mars, la Lune et Vénus.

LE MONT DE MARS

Il se trouve sous le mont de Mercure, et représente le monde naturel. Les qualités liées à ce monde sont le courage, le calme, la maîtrise de soi, l'honnêteté, le respect de ses engagements.

Si ce mont est particulièrement prononcé, il est signe de violence, de cruauté, de manie homicide.

S'il n'est pas évident, ou pire encore, s'il est totalement absent, il indique un caractère vil prêt à se soumettre.

LE MONT DE LA LUNE

Il se trouve sous le mont de Mars. Dans l'Antiquité, la Lune était une divinité chaste et solitaire. Les qualités qui lui sont associées sont la fantaisie, la poésie, l'amour du silence, de la solitude, de la méditation.

Excessivement développé, ce mont indique un caractère trop fantaisiste, hystérique, superstitieux et fanatique.

S'il est absent, en revanche, l'individu manquera de fantaisie, de goût pour la poésie, pour la spiritualité. Nous aurons donc affaire à un matérialiste.

LE MONT DE VENUS

Ce mont se trouve à la racine du pouce et est délimité par une ligne assez marquée qui part à peu près au niveau du début de la ligne de tête et rejoint le poignet: c'est la ligne de vie. Vénus est la déesse de l'amour et représente le monde matériel.

Les qualités les plus importantes apportées par ce mont sont la beauté, la grâce, le goût pour la musique et la danse, le désir d'aimer et de jouir du plaisir sensuel; mais la tendresse et la bienveillance sont également présentes.

Si ce mont est très prononcé, on aura un caractère effronté, enclin à la corruption, vain et léger. En revanche, si la paume est aplatie, on aura un tempérament peu attiré par l'amour sexuel, peu énergique et indifférent à l'art.

Si parmi les monts que nous venons de citer, un est plus élevé que les autres, ces derniers en subiront l'influence. Par exemple, si Mercure domine les autres, il recevra de Mars le courage, de Jupiter l'ambition, de Vénus la coquetterie et toutes ces influences l'aideront à atteindre l'objectif que sa nature particulière lui assigne: la réussite commerciale.

Si, au contraire, c'est le mont de Jupiter qui est le plus en vue, cela dénotera une ambition particulière; pour la satisfaire, viendront à son aide l'habileté de Mercure, l'audace de Mars, la sensualité de Vénus et la fantaisie de la Lune.

Les lignes principales

Passons maintenant au problème des lignes les plus importantes et significatives de la main. Il s'agit de:

— la ligne de cœur;
— la ligne de tête;
— la ligne de Saturne ou de la chance;
— la ligne du foie;
— la ligne de Vénus;
— la ligne du Soleil;
— la ligne du mariage.

La signification de ces lignes varie selon leur longueur, leur profondeur et leur couleur. Ainsi, une ligne pâle et large atténue ou annule les qualités qui lui sont attribuées.

LA LIGNE DE CŒUR

Cette ligne s'étend horizontalement en haut de la paume, sous les monts de Saturne, d'Apollon et de Mercure.

Si elle est nette et bien colorée et si son parcours se situe du mont de Mercure jusqu'au mont de Jupiter, cela signifie que le sujet en question a une vie affective saine et pleine de gratifications. Plus cette ligne est longue, plus fort est l'amour.

Si cette ligne ne s'unit pas au mont de Jupiter et s'arrête sur celui de Saturne, l'amour ne sera pas très profond, mais plutôt sensuel.

Plus cette ligne de cœur entre en Jupiter, plus on est porté à aimer véritablement et moins l'on attache d'importance à l'aspect charnel de la relation (figure 29). La partie de la ligne située sur le côté du mont de Jupiter représente l'amour idéal; la partie inférieure, sur Mercure, est l'amour sensuel.

Une main dont la ligne de cœur trop longue traverse toute la paume et va au-delà du mont de Mercure dénote un caractère jaloux et possessif. Si, en outre, cette ligne est très marquée, le sujet sera violent et parfois capable de commettre des crimes. En revanche, si cette ligne est très large, peu profonde et pâle, elle est l'indice d'un manque de cœur et de peu d'intérêt pour les belles choses de la vie.

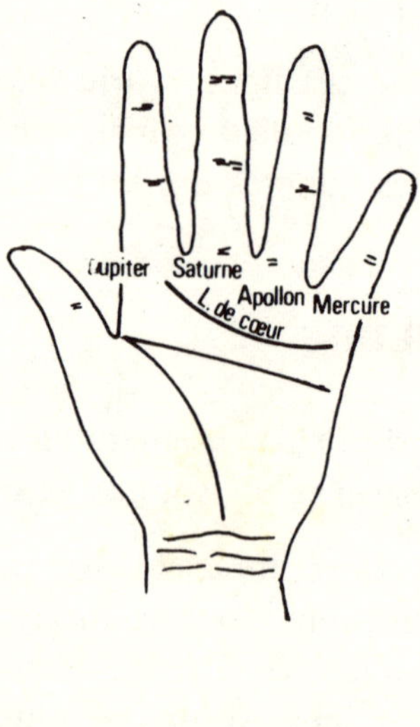

Figure 29

Si la ligne de cœur s'unit à la ligne de tête (comme sur les figures 30 et 31), ou se termine sur le mont de Mars, et si cette conjonction est présente sur les deux mains, c'est un signe négatif et peut même annoncer un grave problème, voire une mort violente.

Une ligne de cœur sans ramification révèlera un caractère rébarbatif et sec.

Les ramifications ont une grande importance, en particulier si elles s'orientent en direction du mont de Jupiter. Si elles sont assez marquées, l'influence de cette planète sera positive et déterminante.

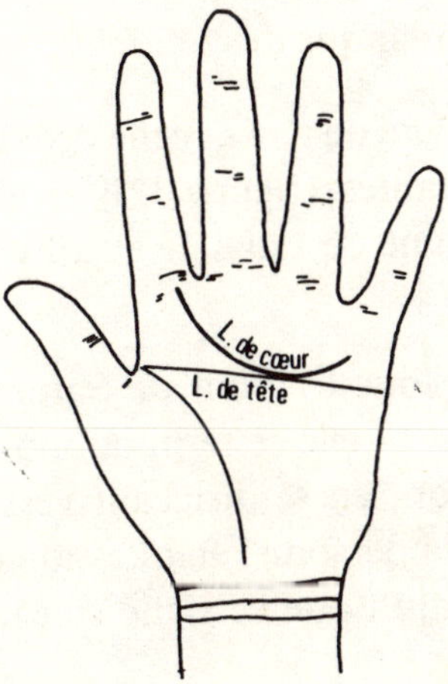

Figure 30

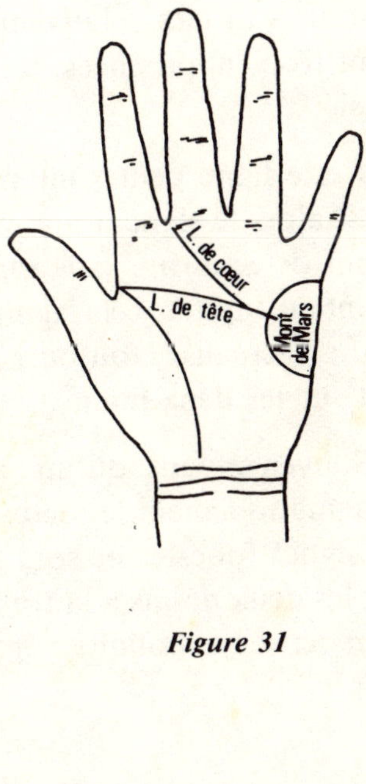

Figure 31

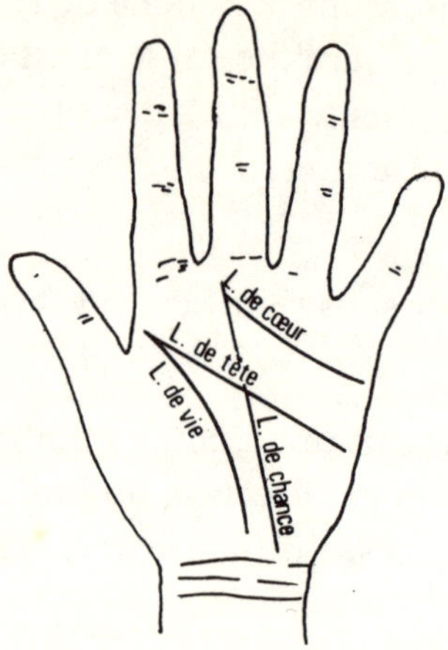

Figure 32

Chez une personne sincère, la ligne de tête et celle de cœur seront toujours relativement distantes (figure 32); si elles sont trop rapprochées, c'est un signe de fausseté et d'hypocrisie.

Cette ligne peut s'interrompre sous le mont de Saturne, c'est alors le signe d'une vie brève. Si elle se termine sous le mont de Saturne, sans ramification, en se dirigeant vers le mont de Jupiter, cela signifie que la personne en question est peu affectueuse, toujours à condition que ce signe soit inscrit sur les deux mains.

Souvenez-vous qu'un chiromancien se doit d'examiner systématiquement les deux mains de son "patient". En effet, les signes funestes ne sont significatifs que s'ils apparaissent sur les deux mains à la fois. Pour être certain qu'une ligne a bien cette symbolique négative, il faut s'assurer qu'elle est confirmée par d'autres signes. En outre, de telles prédictions ne se réalisent pas toujours. En effet, notre volonté est capable de modifier un destin qui paraît inéluctable. Bien entendu, cette "prise en main" sera plus facile si l'on est dûment averti... La foi et la force morale permettent à l'homme de remporter des victoires inespérées sur le sort...

Certaines mains sont totalement dénuées de ligne de cœur. Il faut alors examiner deux hypothèses; soit le sujet souffre ou souffrira d'une maladie cardiaque grave, soit il s'agit d'un individu dur, raisonneur, insensible et sans scrupules.

Si la ligne de cœur se dédouble vers le haut, avec une branche se dirigeant vers le mont de Jupiter, c'est le signe d'une chance certaine. Si le second rameau va de l'index au médium, cela signifie que la chance s'accompagne de sérénité et que l'on connaîtra une vie conjugale et familiale sans histoire. En revanche, s'il n'y a pas de dédoublement et si la ligne s'interrompt au niveau de la plaine de Mars, c'est le signe d'une mort violente probable. Si au niveau de la plaine de Mars, la ligne de cœur se ramifie en deux, vers Saturne et vers la ligne de tête (comme sur la figure 33), c'est un indice de doute, d'indécision, d'incertitude qui risque de se révéler dommageable si ce n'est fatal. Une personne de ce type a tendance, en outre, à prendre systématiquement la mauvaise option.... si vous vous reconnaissez, n'hésitez pas à demander conseil à un ami sûr avant de vous lancer!

Une ride, constituant presque un pli, sur la ligne de cœur révèle des problèmes de santé graves et durables. Plus ce pli est marqué et profond, plus on a la certitude de se trouver face à une personne souffrant de troubles cardiaques (in-

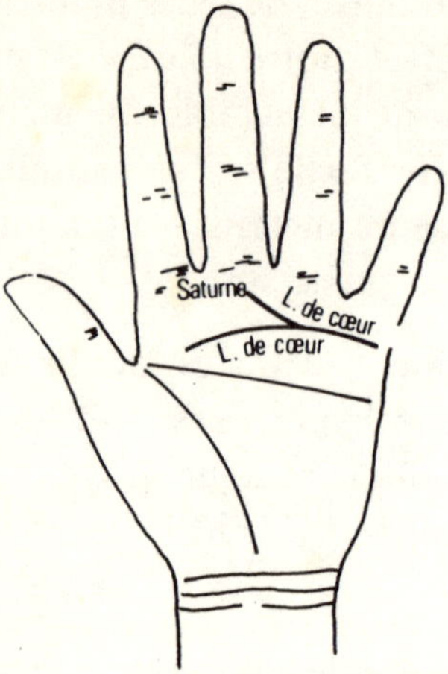

Figure 33

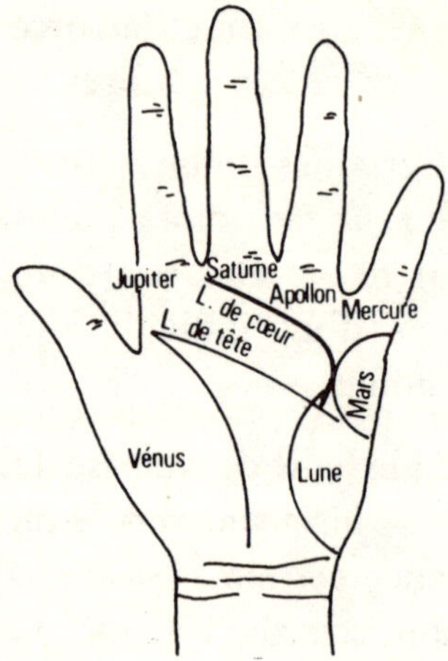

Figure 34

farctus ou autres). Dans une main de femme, ce signe peut être imputable aux conséquences d'un accouchement ou d'une grossesse difficile.

Lorsque la ligne de cœur descend vers la ligne de tête à peu près à la hauteur de Mars (voir figure 34), même si elle ne la rejoint pas, c'est le signe de dureté de cœur et d'égoïsme.

L'esprit pratique domine la poésie, la tête domine le cœur. Cela dénote une certaine sécheresse de sentiment, de l'avarice et de l'égocentrisme.

Si la ligne de cœur n'a pas de ramifications, on est face à

un être absolument sans cœur et sans amour pour son prochain. En revanche, si ses ramifications se dirigent vers Jupiter, cet individu subira des influences bénéfiques.

L'influence de Jupiter est toujours positive.

LA LIGNE DE TETE

Elle commence entre le pouce et l'index. Habituellement, la ligne de tête et la ligne de vie partent d'un même point puis prennent des chemins différents; la première, presque horizontale se dirige vers la plaine de Mars, la seconde, en revanche, descend vers le poignet en contournant le mont de Vénus.

Une ligne de tête bien visible, droite, nette, relativement distante de la ligne de cœur révèle un esprit sain et une volonté déterminée, et, par conséquent, un caractère capable d'affronter avec courage les adversités que réserve l'existence. Une ligne bien dessinée est signe de bonne mémoire et de santé mentale; si, près de cette ligne se trouve une parallèle, c'est un excellent présage, car cela indique succès et richesse.

Si la ligne de tête est trop longue, fine, presque invisible, on doit y voir le symptôme d'un manque d'intérêt et une tendance à la distraction et à la superficialité. Si, vers la fin, elle remonte vers la ligne de cœur et la rejoint (voir figure 35), c'est un indice de mort précoce, mais aussi d'envie et de malignité. Si elle s'élève vers le nord en une ligne sinueuse, c'est le signe de stupidité et de mauvaise santé (risque d'hémorragie pouvant mener à la mort).

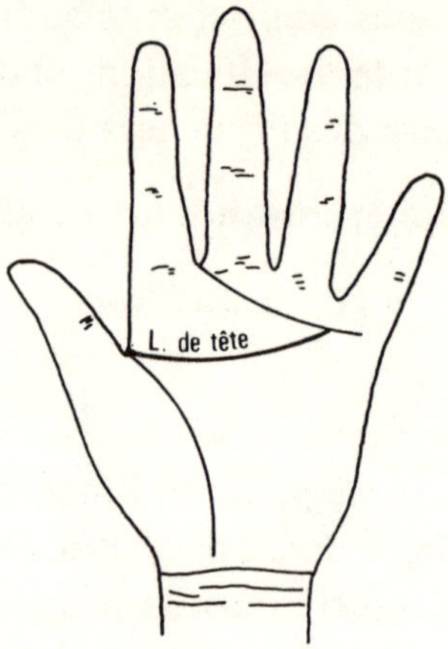

Figure 35

Une ligne de tête trop longue pourrait révéler chez certains un défaut, une faille; en effet, associée à d'autres signes, elle indique clairement un esprit excessivement calculateur, mesquin, égoïste, parcimonieux et tatillon. Si cette ligne, partant de la plaine de Mars, continue vers le mont de la Lune, nous serons face à un idéaliste, sans grand esprit pratique qui agira en fonction de sa fantaisie plutôt que d'un raisonnement logique.

Le mont de la Lune n'est pas lié au sens pratique, loin de là; par conséquent si la ligne de tête l'atteint et la dépasse, c'est l'indice de superstition et la tendance à prendre de mauvaises décisions. Si la ligne de tête et la ligne de vie ne partent pas d'un même point, on a affaire à un esprit très téméraire et excessivement confiant en soi; c'est la main des personnes habituées à affronter le public (avocats, hommes politiques, prédicateurs etc.). Lorsque la ligne de tête, qui naît associée à la ligne de vie, chemine étroitement liée à celle-ci plus longtemps que la normale, c'est au contraire le signe d'un manque de confiance en soi et d'une grande timidité. Toutefois, si les deux premières phalanges du pouce de cette main sont fortes, on pourra, grâce à l'intelligence et à la volonté, réagir et surmonter ce handicap.

Une ligne de tête large, bien colorée et bien dessinée, indique sagesse, ordre et raison; cependant, si les deux phalanges du pouce sont plutôt courtes par rapport au reste de la main et si le mont de Vénus est relativement prononcé, la personne en question sera agitée de multiples désirs et sa raison ne pourra les endiguer.

Si la ligne de tête est courte et pâle, cela dénote une intelligence limitée et une volonté peu développée; ceci peut être atténué par le pouce si ses proportions indiquent intelligence et volonté.

Une ligne de tête trop fine n'est pas toujours signe de malignité: le fait qu'elle soit d'une coloration différente de la normale peut être un indice de mauvaise santé (maladies du foie et des intestins par exemple). Si elle est tortueuse, constituée de petits pointillés et colorée d'une manière inégale, cela indique un caractère fourbe et coléreux.

Sur cette ligne, peuvent se trouver des croix et des sortes de petits tirets; si sur les deux mains, au centre de la ligne, se trouve une croix, c'est l'indice d'une mort par accident; si la ligne est interrompue du début à la fin, cela signifie que la personne concernée sera constamment malade.

Les malades mentaux, les individus sujets à des pertes de mémoire ou très distraits auront une ligne de tête "en pointil-

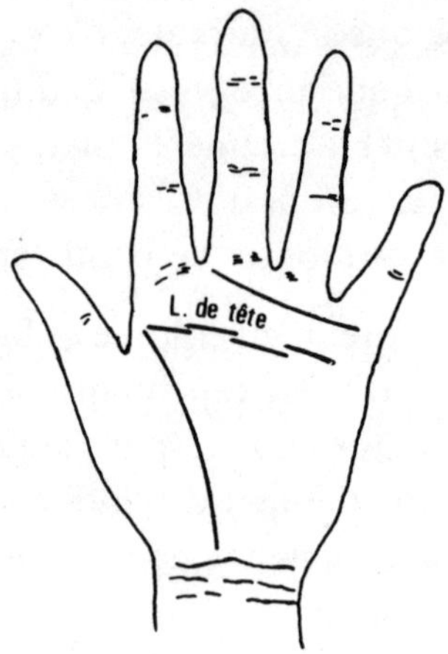

Figure 36

lé" (figure 36). Si cette ligne est courte et n'arrive qu'au mont de Mars, on peut malheureusement prédire une mort violente; si elle semble entrelacée c'est un symptôme de confusion mentale.

Dans certains cas, on peut avoir une ligne de tête brisée, avec un tronçon se superposant à l'autre: si cette superposition se trouve au niveau du mont de Saturne, c'est un signe funeste qui laisse présager une mort déshonorante ou un grand malheur. La ligne peut aussi remonter vers le mont de Mercure et l'on aura alors habileté et fourberie; si elle finit en queue d'hirondelle, on aura un excès de malice et de fourberie.

Si l'une des deux bifurcations se dirige vers le mont de Mercure et l'autre vers le mont de la Lune, on aura affaire à un menteur, peu sérieux et dénué de sens des responsabilités.

Lorsque la ligne de tête débute au niveau du mont de Saturne pour s'en aller au-delà des monts de Mars et de Mercure, et lorsque dans les deux mains la ligne de cœur est peu visible, il s'agira d'un individu peu sage et incapable de dissocier le cœur et la raison; sa vie sera une suite de désillusions et de batailles perdues.

Si la ligne de tête rejoint, vers la fin, la ligne de cœur, c'est le signe que la vie du sujet en question sera brève; si elle est courte, c'est un symptôme de manque de chance; et si elle remonte vers le mont de Mars cela indique un danger mortel. Si elle revient vers le pouce (mont de Vénus), c'est un indice de graves déceptions amoureuses.

Dans une main où la ligne de tête est courte et la ligne de cœur est longue, la voie est, en quelque sorte, libre, pour le mont de Mars qui n'est pas suffisamment freiné par le fluide astral de la lune; la violence du cœur dominera alors souvent la raison: cela peut créer des désillusions.

LA LIGNE DE VIE

C'est incontestablement le signe le plus important de tous ceux qui sont inscrits dans la main. La ligne de vie est le sillon qui entoure le mont de Vénus. Elle prend son départ sous le mont de Jupiter et descend vers le poignet en contournant la troisième phalange du pouce. En général, si la ligne est longue, régulière et d'un rose délicat, on peut dire que la vie sera heureuse et longue.

Une ligne profonde, pâle et fine est un indice de malveillance.

Profonde, large et rouge, elle indique violence et folie homicide.

Si elle est courte dans les deux mains, la vie sera brève. Si elle est brisée dans les deux mains, de graves accidents surviendront et la mort s'ensuivra.

Si elle est brisée dans une seule des mains, un accident grave ou une longue maladie sont prévisibles.

Si la ligne est double, c'est un signe de longévité, toutefois, si elle est double et entrelacée, ce sera un signe négatif (maladie).

Si elle part directement du mont de Jupiter, cela dindique une grande ambition, des succès et des honneurs. Toutes les petites lignes coupant celle de la ligne de vie sont autant de signes d'ennuis, de troubles, de petits maux de tête, de dents, de gorge, d'oreilles.

Les petites lignes qui partent de la ligne de vie et se dirigent vers le poignet sont des indices d'échecs et de déplaisirs; si elles se dirigent vers le haut, elles sont, au contraire, porteuses de succès et de joie. Les lignes de cœur et de tête sont parfois associées à la ligne de vie, c'est un signe de malchance (figure 37).

Comme nous l'avons déjà précisé la ligne de vie part habituellement sous le mont de Jupiter en conjonction avec la ligne de tête, mais prend un chemin différent. Pourtant, dans quelques cas, ces deux lignes poursuivent ensemble leur route sur une certaine longueur, c'est alors un symptôme d'un manque de confiance en soi. Les personnes porteuses de ce signe doivent se faire violence et ne pas craindre l'adversité: si elles se fient à leur bon sens elles devraient être capables de surmonter toutes les épreuves (figure 38).

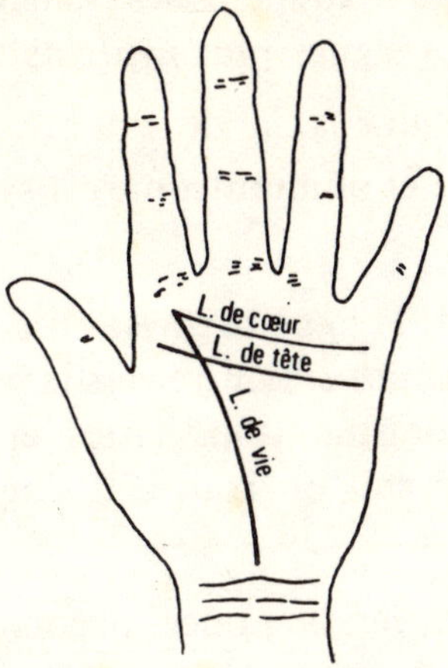

Figure 37

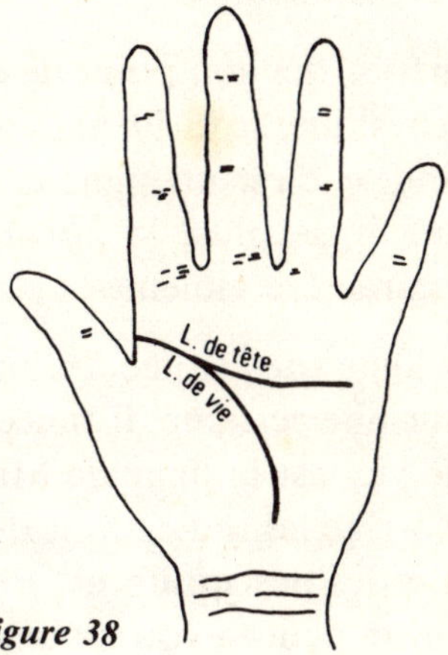

Figure 38

D'autre part, le chiromancien doit bien analyser toutes les lignes et tous les signes avant de prononcer son jugement, même si la ligne de vie, la plus importante, apporte des éléments primordiaux. Bien entendu, si la réponse est négative, il devra se montrer plus prudent encore et préciser à la personne qui le consulte que d'autres signes et lignes peuvent modifier ce qui est écrit sur la ligne de vie.

En fait, la main doit être étudiée dans son intégralité et ce qu'annonce une main doit être confirmé par l'autre. Certaines petites lignes qui ne sont pas très claires à l'œil nu peuvent être étudiées minutieusement à la loupe. Elles pourront démentir ou confirmer ce que des signes plus évidents annonçaient.

Une ligne de vie profonde, large et non uniforme est symbole d'inconstance.

Parfois, dès son point de départ, la ligne se divise en deux branches: une se dirigeant vers le pouce et l'autre vers la base de l'index; c'est un signe d'antagonisme, d'indécision et de vanité. Si de plus, la portion qui suit est rouge, il s'agira d'un caractère violent.

La ligne qui, située à l'intérieur vers le pouce, accompagne sur une certaine distance ou sur toute sa longueur la ligne de vie, est la ligne de Mars, la "sœur de la ligne de vie". Elle corrige les indications de la ligne de vie et en atténue les excès et les déséquilibres. Elle est rarement très marquée et lorsqu'on peut la voir clairement, cela indique un goût pour la vie militaire où la personne en question connaîtra un certain succès. Si cette ligne est longue et ininterrompue, on bénéficiera d'une bonne santé durant toute la vie.

Souvent, sur la ligne de vie se greffent des signes particuliers. Si par exemple elle est marquée d'une croix, c'est un signe d'infirmité et annonce la mort à la période indiquée par l'échelle de l'âge.

Une croix à l'extrémité de la ligne de vie est symbole de bonté, mais aussi d'une santé probablement chancelante.

Si, du mont de Vénus, partent des ramifications et des lignes plutôt marquées qui coupent la ligne de vie, cela signifie que l'individu concerné sera ruiné et détruit par ses amours (figure 39). Si, en revanche, ces transversales se brisent sur la ligne de Mars et arrivent avec une force atténuée sur la ligne

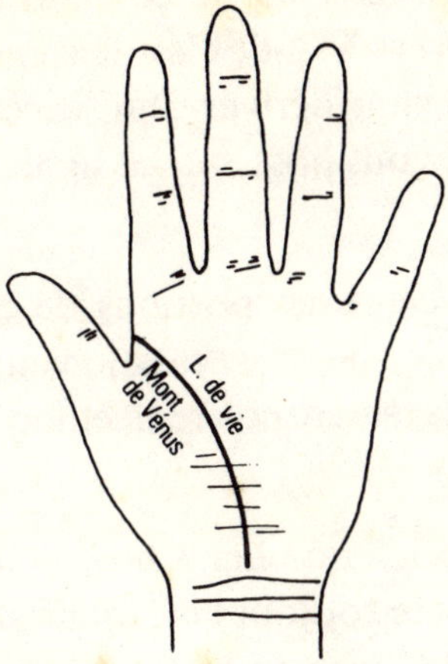

Figure 39

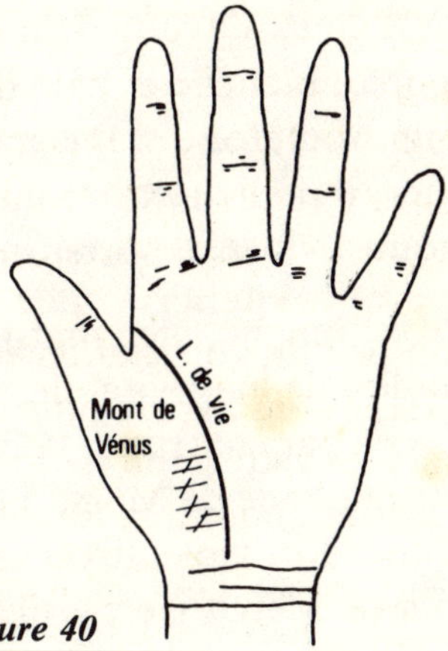

Figure 40

de vie, cela signifie qu'elles n'auront pas de conséquences douloureuses (figure 40).

Les ramifications qui, à partir de la ligne de vie, se dirigent vers le nord (vers la pointe des doigts), vers la plaine de Mars et la ligne de tête, sont autant de signes de succès et de victoire.

Si au nord, cette ligne se dédouble, la vie connaîtra un changement. Si elle se dédouble vers le sud, c'est le signe de troubles du système nerveux pouvant dériver d'un excès de travail intellectuel trop intense (si vous possédez ce signe, apprenez à doser vos efforts).

Une coloration différente sur certaines portions de cette ligne est toujours signe de troubles de la circulation ou de maladies du foie, ainsi que d'un caractère coléreux et inconstant.

Comme nous l'avons déjà précisé une ligne profonde et non colorée, blanche et pâle dénote toujours méchanceté et perversité; toutefois, si la ligne de cœur entre dans le mont de Jupiter, il pourra exister un certain équilibre, car ce signe est de toute évidence porteur de bonne volonté et d'amour.

Si elle est longue, bien marquée, délicatement colorée, elle est un indice de longévité, de bonheur et d'un naturel agréable; mais, si par contraste, la ligne de tête se termine brutalement sur la plaine de Mars, à la hauteur de Saturne on peut prédire une mort violente ou une vie brève. Il en ira de même si le mont de Mercure est visiblement strié; dans ce cas, il ne s'agira plus d'une bonne nature, mais d'un individu ayant une tendance à la tromperie, au manque de respect pour les droits d'autrui et à un autoritarisme excessif.

Si la ligne de vie est excessivement rouge, presque violacée à son point de départ, on aura affaire à un individu à la violence aveugle, capable uniquement de mauvaises actions. Lorsque la ligne de vie est double et que les deux composantes sont mal dessinées, le malheur sera double; si elles sont bien marquées et colorées le bien sera deux fois plus intense.

Toutes les lignes partant de la ligne de vie et se dirigeant vers le nord en passant par la plaine de Mars indiquent des succès remportés après d'âpres batailles.

Les meilleures lignes sont celles qui sont bien dessinées, d'une couleur agréable et sans exagérations d'aucune sorte. Malheureusement, une ligne de vie bien colorée, bien marquée et très longue, n'est pas toujours une indication sûre à cent pour cent; il faut toujours chercher la confirmation d'autres signes, dans le bien comme dans le mal.

Pour nous résumer, rappelons ce que peut signifier une ligne de vie.

- Longue et bien colorée: vie longue et sans problèmes.
- Longue et fine: vie longue, mais santé délicate.
- Courte et fine: vie abrégée par la maladie.
- Discontinue: infirmité.
- Interrompue: danger à l'âge correspondant à l'interruption de la ligne.
- Large et profonde: violence coléreuse et instincts bestiaux.
- Longue, d'une profondeur normale mais trop claire par rapport à la couleur de la main: envie, suspicion, méfiance.
- Peu colorée et fine: mauvaise santé.

Considérons maintenant la figure 41 où sont indiqués, par rapport à la ligne de vie, les différents âges de l'existence humaine. On part de l'âge de dix ans, car, jusque-là, le caractè-

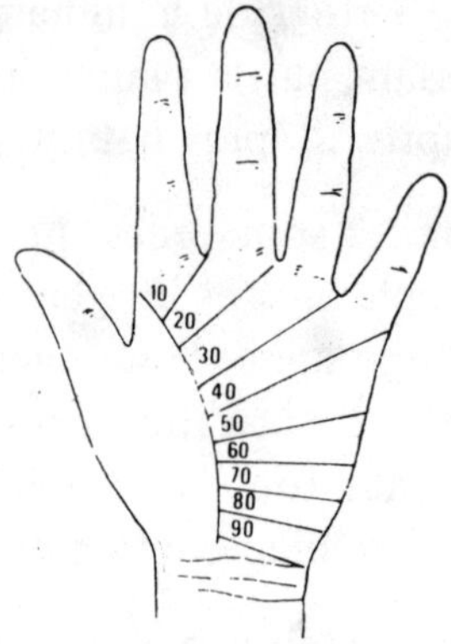

Figure 41
Ligne de vie et secteurs des âges

re est en voie de formation et l'individu est balloté par le destin, sans aucun réel pouvoir de décision.

L'échelle des âges représentée sur la figure 41 se calcule à l'aide d'un compas; posez une pointe au centre de la base de l'index, l'autre à la base de l'annulaire et faites la première marque sur la ligne de vie; mesurez la distance comprise entre le point de départ et ce point donné, et, à l'aide de cette mesure, continuez à inscrire les arcs représentant chacun une tranche d'âge de cinq ou dix ans.

L'on part de l'index et de l'annulaire parce que ce sont les deux monts les plus importants, le premier consacré à Jupiter (dieu suprême), le second à Apollon.

Après avoir établi ce diagramme vous pourrez examiner votre propre vie et l'analyser période par période.

LA LIGNE DE SATURNE OU DE CHANCE

Saturne est représenté comme un vieillard portant une faux à la main, symbole du temps qui détruit toute chose, ou bien comme un serpent se mordant la queue, allusion à l'éternité et aux vicissitudes de l'existence qui ne connaissent pas de fin. La ligne de Saturne décrit la part de destin que l'homme peut rarement modifier ou conditionner par sa volonté.

Si cette ligne débute au niveau de la plaine de Mars, la personne concernée devra affronter de nombreux obstacles avant d'obtenir ce qu'elle désire. C'est un signe de ténacité et d'énergie.

Si la ligne de Saturne prend son départ sur la ligne de vie, elle en absorbera les qualités et sera conditionnée par celle-ci.

Elle peut également partir du premier bracelet du poignet et remonter sans croiser d'obstacles jusqu'au mont de Saturne; c'est alors un des indices de chance les plus sûrs; si elle a, en outre, des ramifications jusqu'à la première phalange, cette chance sera même insolente. Le chiromancien devra trouver le fil logique qui lui permette d'interpréter correctement cette chance et de déterminer dans quel domaine elle s'exprimera (amour, travail...). Les raisons de la chance ou de la malchance ne sont pas toujours identifiables, car elles peuvent dépendre simplement du destin.

Cette ligne peut encore prendre naissance à mont de la Lune; si elle continue alors en direction de la ligne de cœur, cela signifie qu'une rencontre avec une personne de l'autre sexe sera source de fortune.

Si la ligne a des ramifications en direction du mont de Jupiter, l'individu connaîtra aussi la richesse.

Toutes les lignes se dirigeant vers le mont de Jupiter bénéficient de la même protection. Les ramifications du sud vers le nord se trouvant sur cette ligne sont systématiquement des indices de chance.

Souvent la chance se gagne par le travail et les efforts; c'est le cas, en particulier, pour les individus dont la ligne de chance naît de la ligne de vie.

Les sillons et les lignes transversales qui se trouvent sur l'extrémité de la ligne de Saturne sont des signes de bonne ou mauvaise fortune.

Quel que soit le domaine, les excès sont nuisibles; par exemple si cette ligne pénètre trop haut sur le médium, on pourra certes bénéficier d'une chance inouie mais aussi être victime d'incroyables malchances (il est donc nécessaire d'analyser tous les autres signes).

Le même phénomène peut se reproduire lorsque la ligne débute près du poignet; cependant, dans ce cas, plus la ligne pénètre vers le bras, plus grands sont les risques d'avanies.

Si cette ligne s'interrompt sur la ligne de cœur, c'est l'indice de complications amoureuses qui créeront de graves désagréments, cela peut signifier des problèmes cardiaques...

Si la ligne de Saturne se brise sur la ligne de tête, cela indique un manque de chance provoqué par l'incompétence ou la maladie mentale.

Si, au contraire, elle part de la ligne de tête, cela signifie que l'on a le goût du travail intellectuel, que l'on s'intéresse fort peu aux affaires de cœur et que l'on parviendra au succès uniquement grâce à ces prédispositions.

En revanche, si la ligne débute en dessous de la ligne de tête et un peu avant de la ligne de cœur, pénétrant le mont de Saturne jusqu'à la racine du médium, c'est l'indice d'une fortune remportée de haute lutte.

Deux lignes jumelles allant du poignet vers le mont de Saturne sont le signe d'un abandon excessif aux plaisirs matériels et de troubles localisés en particulier au niveau de l'épine dorsale.

Si, à la fin de cette ligne se trouvent des lignes tortueuses ou brisées, elles sont de mauvais présage (vie tourmentée jusqu'à la fin). Les écrivains, les acteurs, les hommes politiques ont souvent une ligne de Saturne interrompue, ce qui est un signe de chance discontinue.

Une personne ne possédant pas de ligne de Saturne aura une vie ininitéressante.

Cette ligne peut se diriger vers Mercure, dans ce cas, on aura de la chance dans le commerce et un talent oratoire. La ligne peut se diriger vers le mont d'Apollon, c'est-à-dire la racine de l'annulaire: ce sera alors signe de chance dans le domaine artistique ou le monde de la haute finance.

Une ligne qui s'interrompt puis reprend au niveau de la plaine de Mars, indique une vie de lutte, tant physique que morale. Ce qui compte le plus, sans conteste, c'est la volonté de vaincre et la ténacité; si ces qualités sont associées à de la prudence, l'individu pourra surmonter tous les obstacles. Comme nous l'avons déjà précisé, le chiromancien n'émet pas de sentences définitives; en effet, la volonté et l'effort peuvent toujours influer sur un destin, si négatif puisse-t-il paraître au départ.

Les ramifications se dirigeant vers le nord sont, comme pour les autres lignes, d'un bon auspice. Celles se dirigeant vers le sud (vers le poignet) sont plutôt négatives. Cette règle vaut, plus que pour toute autre, pour la ligne de Saturne. Pour cette raison, toutes les bifurcations partant vers le nord indiquent chance et richesse, et sont des indices sûrs d'un passage rapide de la pauvreté au bien-être économique. La ligne de Saturne est un révélateur des affrontements et des heureuses rencontres amoureuses. Si, partant du poignet, elle s'interrompt brusquement sur la ligne de cœur, c'est le signe certain de la fin d'un amour, d'un bonheur brisé par une intrigue ou bien de la mort d'un conjoint (figure 42).

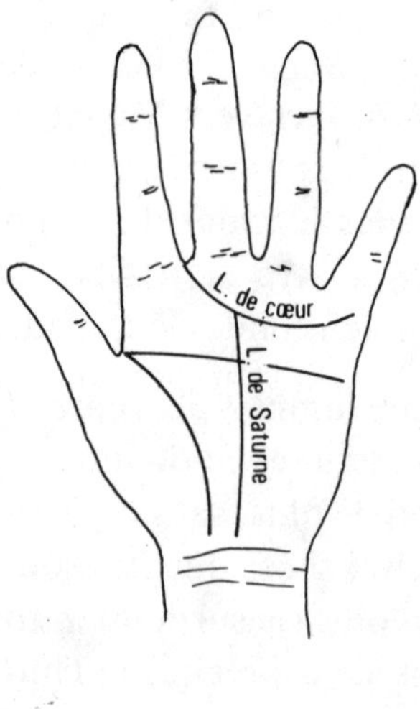

Figure 42

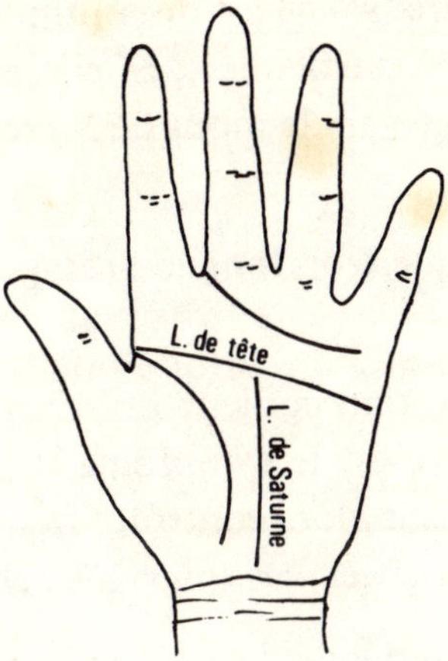

Figure 43

Si elle s'interrompt sur la ligne de tête, c'est également un signe évident de malchance provoquée par une décision malencontreuse, un accident ou une maladie mentale (voir figure 43).

LA LIGNE DU FOIE OU LIGNE HEPATIQUE

C'est la ligne qui concerne principalement l'état physique. Parfois, elle n'est pas visible, mais ce n'est pas tragique. Certains sujets chez qui elle est absente jouissent d'une santé florissante.

Les points de départ de cette ligne sont le poignet, près de la ligne de vie, la plaine de Mars, la ligne de tête.

Si la ligne est longue et bien colorée, cela indique une bonne santé; au contraire, si elle est discontinue c'est un signe de troubles (digestifs en particulier). Si elle est associée à la ligne de vie et se dirige vers le mont de Mercure, c'est un indice de longévité.

Une ligne hépatique trop longue présage des maladies durant la vieillesse.

Si elle n'est pas d'une couleur uniforme et paraît même rouge par endroits, c'est le symptôme d'un afflux sanguin excessif à la tête (il faut alors contrôler fréquemment sa pression artérielle et se méfier des migraines chroniques).

Si elle est rouge au départ près de la ligne de tête, c'est signe que le cœur ne fonctionne pas bien.

En partant du mont de la Lune, une ligne se dirigeant vers le mont de Mercure indique une prédisposition pour la clairvoyance.

Si la ligne hépatique a un chemiment ondoyant, elle indique un symptôme d'épanchements biliaires et de maladies du foie. Si elle est interrompue par un ou plusieurs "îlots", cela indique une fragilité des bronches ou des poumons. Les petites lignes qui la traversent marquent des maladies.

La ligne du foie bifurquant vers le mont de la Lune est un signe d'inconstance, mais si cette bifurcation se présente à la moitié du parcours environ et forme un triangle avec la ligne de tête cela annonce une prédisposition pour la philosophie.

Souvent, la ligne hépatique est double; comme toujours, c'est un indice renforçant les indications données pour la ligne principale. Toutefois, si les deux lignes partent ensemble du poignet et se dirigent vers le mont de Mercure, elles sont d'excellents présages (vie heureuse et bonne santé).

LA LIGNE DE VENUS

La ligne de Vénus prend naissance entre le mont de Jupiter et le mont de Saturne, traçant un demi-cercle (l'anneau de Vénus) qui s'achève peu avant le mont de Mercure. Elle n'est pas présente dans toutes les mains. Lorsqu'elle l'est, elle renferme dans son périmètre le mont de Saturne (la sagesse) et celui d'Apollon (la lumière) laissant à l'extérieur, et donc sans possibilité d'influer en quoi que ce soit, les monts liés à l'ambition (Jupiter), à l'habilité (Mercure), à l'inconstance (la Lune), à la sensualité (Vénus).

Cette ligne a toutes les caractéristiques de la déesse dont elle porte le nom: vanité, grâce, charme physique, rire, flatterie, plaisirs, désirs charnels.

En réalité les personnes dont la main présente un anneau de Vénus sont souvent pleines de charme mais superficielles, gaies mais inconstantes, passionnées mais infidèles, prêtes à succomber à tous leurs désirs sans souci des conséquences pour elles et pour les autres.

Si la ligne est continue et bien marquée, il s'agit d'un ambitieux qui refuse tous conseils et utilise tous les expédients licites et illicites pour parvenir à ses fins.

Si la ligne est brisée en plusieurs points, c'est le symptôme de désirs pervers; si elle est double et brisée dans une main dure, c'est un signe de manies sexuelles (voir figure 44).

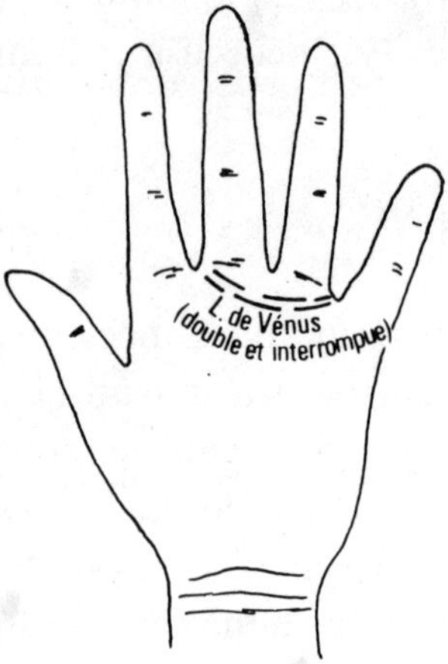

Figure 44

Si, au contraire, les mains sont gonflées, presque caoutchouteuses, les plaisirs sont également pervers et sensuels, mais solitaires.

Si la ligne de Vénus s'ouvre vers le mont de Jupiter, le désir d'émerger atténue les bas instincts sensuels. Si l'anneau s'ouvre sur le mont de Mercure, la soif de savoir ou le goût pour le commerce éloignent le sujet des plaisirs charnels.

L'influence négative de la ligne de Vénus peut toutefois être atténuée voir même annulée, si elle est associée à un pouce représentant la volonté et l'intelligence: la vie sexuelle sera alors normale.

Une ligne de vie bien gravée, colorée et nette annule les qualités négatives de l'anneau de Vénus; dans ce cas, non seulement, la vie de couple sera d'une normalité absolue, mais les intérêts artistiques, les rapports professionnels et sociaux ne poseront pas de problèmes particuliers.

LA LIGNE DU SOLEIL

La ligne du Soleil est celle du succès: elle signifie richesse, célébrité, position sociale élevée, réputation professionnelle ou artistique, etc. selon ce que prédisent les autres lignes (figure 45).

Elle peut partir de la ligne de vie, de la ligne de cœur ou de la ligne de tête, du mont de la Lune ou du mont de Mars; toutefois, elle se termine toujours sur le mont d'Apollon, à la base de l'annulaire.

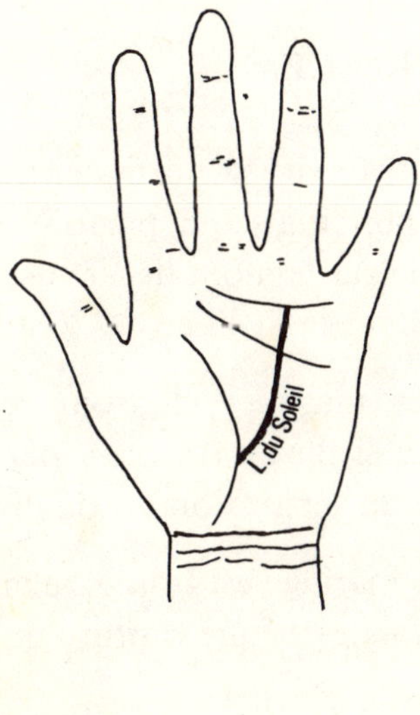

Figure 45

Lorsqu'elle est longue, bien marquée et droite, elle garantit le succès dans tous les domaines. Si elle n'est pas clairement gravée et si de nombreuses petites stries se trouvent sur le mont d'Apollon où elle se termine, cela exprime un désir excessif de se faire connaître dans le monde de l'art. Le talent ne manquera pas mais l'excessive confiance en soi provoquera des échecs. Si ces petites lignes sont également transversales et se ramifient, il faudra avertir l'artiste de ne pas se faire d'illusions, car de nombreux obstacles pourraient bien l'empêcher d'atteindre son objectif.

A ce propos, n'oubliez pas que la main est symboliquement traversée en son milieu par une ligne imaginaire, verticale qui part du médium, sous le mont de Saturne, et se poursuit jusqu'au centre du poignet. Toute ligne transversale qui se brise ou bien commence sur cette ligne est un signe funeste.

LA LIGNE DU MARIAGE

C'est une ligne courte située normalement à la base de l'auriculaire (figure 46), mais qui parfois occupe d'autres positions, par exemple sur le mont de Vénus, près de la ligne de chance ou ailleurs.

Lorsqu'elle est bien marquée et droite, cela indique un mariage heureux, mais si elle est traversée par une autre ligne il s'agit d'un présage de séparation ou de divorce.

Lorsque la ligne de mariage est brisée, le mariage ou la relation ne seront pas faciles et une rupture douloureuse est à craindre.

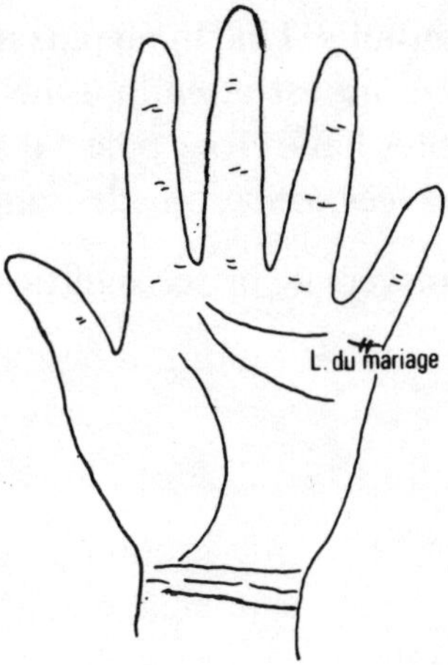

Figure 46

Si une autre ligne part de cette ligne du mariage se dirigeant vers le haut de la main, cela veut dire que le compagnon ou la compagne occupent une position sociale élevée, si la bifurcation est dirigée vers la ligne de cœur, le mariage sera la cause d'une perte de prestige social.

Si cette ligne n'est pas droite mais dévie, l'union sera de brève durée.

De petites ramifications partant de cette ligne en direction de la plaine de Mars laissent présager que le partenaire est de santé fragile. Si la ligne du mariage se termine par une croix, le conjoint mourra de mort violente.

Les petites stries qui traversent la ligne de mariage représentent le nombre d'enfants. Une ligne plus marquée que les autres signifie que l'enfant est attendu et ne décevra jamais ses parents. Si ces petites lignes sont pâles, il s'agira de filles, si elles sont mieux gravées, ce seront des garçons.

Une petite ligne transversale brisée signifie un avortement.

Les signes et les ramifications

Jusqu'à présent nous n'avons détaillé que des monts et des lignes principales pouvant être interprétés par la chiromancie; mais d'autres signes peuvent modifier les conclusions que l'on peut tirer de cette première étude. Voyons quels sont les plus importants.

L'ETOILE

Par étoile, l'on entend un signe du centre duquel partent au moins cinq lignes dans des directions différentes. Ce signe en forme d'étoile est considéré comme l'indice d'un danger difficilement contrôlable dans la mesure où il n'appartient pas au domaine du libre arbitre; toutefois, répétons-le, un signe ne donne pas de certitude absolue et ce signe funeste n'échappe pas à la règle.

Par exemple, si l'étoile se trouve placée sous le mont de Jupiter (sous la racine de l'index), elle n'est pas de sinistre présage, mais annonce au contraire une chance inespérée. Si elle se trouve sur la première phalange (divinité) du médium, c'est un signe de génie. Une étoile placée:

— sur le mont de Saturne est symbole de mort violente;

— sur le mont de Mars est signe de danger d'homicide ou de prédisposition à ce crime;
— sur le mont d'Apollon est un indice de richesse mais aussi de mort; en effet, cette fortune engendrera le malheur;
— sur le mont de la Lune laisse présager un malheur provoqué par un excès d'imagination qui peut mener à la folie;
— sur le mont de Mercure est le signe d'une fourberie qui sera à l'origine de graves mésaventures liées à des escroqueries diverses.

Une étoile sous le mont de Vénus ou sur n'importe quelle portion de ce mont annonce de graves désillusions amoureuses.

LE CARRE

Signe du raisonnement analytique pur, le carré est influencé par les caractéristiques du mont où il se trouve situé:
— placé sur le mont de Vénus, il n'indique pas une prédisposition particulière pour l'amour sensuel, mais un esprit raisonnable qui pèse le pour et le contre avant de se lancer dans une aventure amoureuse;
— situé sur le mont de Mercure, il indique des talents particuliers dans le domaine du commerce, de la politique ou de la musique;
— sur le mont de Jupiter, il atténue un orgueil exagéré et une ambition effrénée;
— sur le mont de Saturne, il limite les dommages causés par une période de malchance;

— sur le mont de Mars, il annule le présage d'une mort violente.

Ce carré peut également se trouver sur différentes lignes. S'il est situé par exemple:

— sur la ligne de Saturne (dite aussi ligne de chance), il annule le présage d'une perte financière;
— sur la ligne de tête, il corrige les dommages causés par des calculs erronés;
— sur la ligne de vie, il atténue les irrégularités de l'existence;
— lorsqu'il interrompt la ligne de cœur, il aide à surmonter les déceptions amoureuses.

Il s'agit en réalité d'un signe bénéfique qui atténue ou annule les effets négatifs des autres signes.

LES TRIANGLES

Ce sont, eux aussi, des symboles bénéfiques qui se trouvent en général dans les mains de personnes attirées par les sciences exactes et les études approfondies. Ils doivent cependant être examinés minutieusement en fonction des autres signes présents:

— sur Jupiter, le triangle indique de grandes ambitions, en particulier dans le domaine militaire;
— sur Saturne, il signale une forte tendance à la superstition (on conseille aux personnes concernées de se montrer un peu plus concrètes et rationnelles);
— sur le mont d'Apollon (à la racine de l'annulaire), il signifie amour et succès assurés dans les domaines artistiques (sculpture et peinture en particulier);

— sur le mont de Mercure, il présage d'une réussite dans l'art oratoire.

Cette fois encore des contradictions peuvent exister. Le triangle est un signe positif, pourtant, s'il s'en trouve un sur le mont de Saturne et un second sur la phalange "divine" du médium, on aura une tendance particulière au sadisme le plus exaspéré. Un triangle sur la plaine de Mars ou le mont de Mars signifie victoire et succès en particulier dans le domaine militaire.

Ce signe sur le mont de la Lune est synonyme de sagesse et d'une grande capacité de raisonnement. Si ce signe se trouve sur Vénus, l'individu concerné ne perdra jamais la tête par amour et son esprit logique dominera toujours ses passions, il saura se dominer et dominer la personne amoureuse de lui.

LES CROIX

Elles sont considérées comme des symboles négatifs, pourtant, comme pour l'étoile et la croix, elles sont un indice de chance, en particulier pour les unions conjugales, si elles se trouvent sur le mont de Jupiter.

Si, entre la ligne de cœur et la ligne de tête, se trouve une croix formée avec la ligne de chance, ce sera un symbole de choix religieux heureux et de tendance à la religiosité. Une croix dans l'espace entre les deux lignes dénote pourtant une tendance à la superstition et au mysticisme.

Une croix sur le mont de Saturne signifie que le sujet reçoit une influence négative de Saturne dans certaines activités et au cours de certaines études (théologiques en particulier). Les personnes porteuses de ce signe auront, en outre, tendance à fuir la critique et à se résigner facilement.

Ce signe sur le mont du Soleil (Apollon) présage de peu de succès dans le domaine artistique et d'une influence négative du Soleil dans les activités financières également.

Sur le mont de Mercure, cela indique une certaine prédisposition au vol; n'oublions pas que Mercure protégeait également les voleurs; mais si protégé soit-il, le voleur sera toujours découvert, tôt ou tard. Dans ce cas, de toute évidence, la croix est un signe négatif et le présage d'ennuis certains.

Une croix sur la plaine de Mars dénote une grande impétuosité et une faible capacité de jugement. Toutefois, si elle est placée dans la partie basse de la plaine de Mars où elle subira l'influence de Vénus et de la Lune, elle indiquera une certaine chance provoquée par la force de l'impétuosité du sujet. La spontanéité excessive sera corrigée par une capacité de raisonnement et un grand sérieux.

Si la croix se trouve sur le mont de la Lune, elle dénote une grande fausseté. Sur le mont de Vénus, elle indique une passion malheureuse; toutefois, Jupiter peut briser cette influence négative si une croix ou une étoile se trouve sur son mont.

Si les croix sont nettes, bien dessinées et présentent des bras d'une longueur égale, elles auront plutôt une influence positive sur le mont où elles sont situées.

Si elles sont mal dessinées et peu visibles, elles indiquent une propension aux pratiques religieuses liées à un excès de crédulité et de superstition. Les personnes présentant dans les deux mains une croix située sur le mont de Vénus seront particulièrement attirées par les plaisirs sensuels et érotiques. Les croix sur le mont du Soleil (Apollon) indiquent une recherche effrénée de la gloire et de la richesse.

LES POINTS

Les points sont le plus souvent interprétés comme des signes négatifs: blessures, maladies incurables, folie. Ils sont presque toujours situés sur les lignes principales de la main:
— sur la ligne de vie, ils signifient une maladie à l'âge correspondant;
— sur la ligne de tête, ils indiquent un danger de maladie mentale, de folie, d'équipement cérébral. Si ces petits points sont d'une couleur rouge vif, ils signifient une blessure à la tête;
— sur la ligne hépatique, ils laissent présager que la personne aura de graves maladies au foie ou à l'intestin;
— sur la ligne de cœur, ils dénotent plutôt une tendance aux aventures amoureuses.

LES LIGNES EN FORME DE BRANCHES ET DE TACHES

Ces "branches" dont les ramifications se dirigent soit vers le sud soit vers le nord se trouvent presque toujours au début ou à la fin des lignes principales.

Lorsqu'elles se dirigent vers le nord, elles portent chance comme toutes les lignes de la main allant dans cette direction.

Lorsqu'elles vont vers le sud, elles sont plutôt défavorables. Si elles se dirigent vers le mont de Mercure, on aura de la chance dans le commerce et l'art oratoire, si elles se dirigent vers le mont de Jupiter, les ambitions seront satisfaites et les succès certains.

En résumé, si ces ramifications se dirigent vers le haut, elles accentuent les bons pronostics, les caractéristiques favorables, ou atténuent jusqu'à les annuler les signes néfastes. Si elles sont orientées vers le poignet, elles diminuent la valeur d'un indice favorable. Sur la main, on peut également trouver des taches, claires ou violacées en n'importe quel point. Malheureusement, dans ce cas, il n'y a pas d'alternative: le pronostic est toujours défavorable, car elles annoncent de graves maladies souvent mortelles.

LES CHAINES

Les lignes principales ne sont pas toujours tracées nettement et souvent s'y superposent de petites lignes qui forment avec elles des sortes de chaînettes. Ce sont des indices évidents de problèmes, obstacles et difficultés. Ces lignes modifient dans un sens défavorable les bons présages constitués par la direction ou la longueur de la ligne à laquelle elles sont associées. Un ensemble de petites lignes donnent l'image d'une grande force qui se disperse et donc s'affaiblit, influençant ainsi les caractéristiques du signe.

Si elles apparaissent sur le mont de la Lune, par exemple, elles constituent un obstacle à l'expression de la fantaisie du sujet, elles représentent une tendance à l'insomnie et au somnambulisme.

Alors qu'une seule ligne sur le mont de Mercure est un indice de grande chance, de nombreuses petites lignes entrecroisées sont présage de malchance, de malheur et parfois même de mort.

Examinons maintenant le mont de Mercure. S'il n'y apparaît qu'une seule petite ligne, cela signifie intelligence et perspicacité, et la chance sera généreuse avec l'individu concerné (voir figure 47); de nombreuses petites lignes marquent une tendance au vol et à l'escroquerie; on peut donc prévoir des ennuis sérieux (figure 48) pouvant aller jusqu'à la prison...

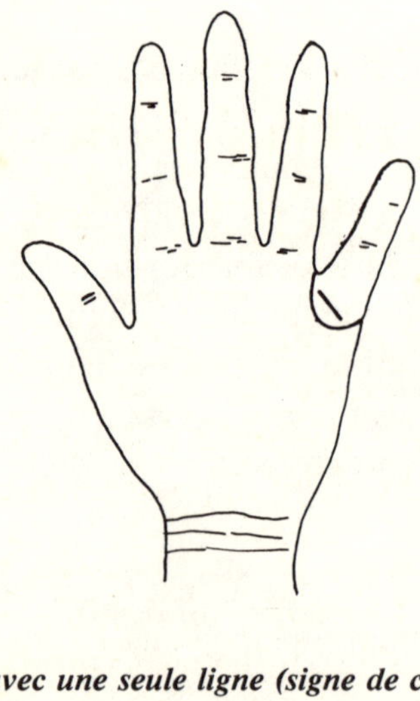

Figure 47
Mont de Mercure avec une seule ligne (signe de chance)

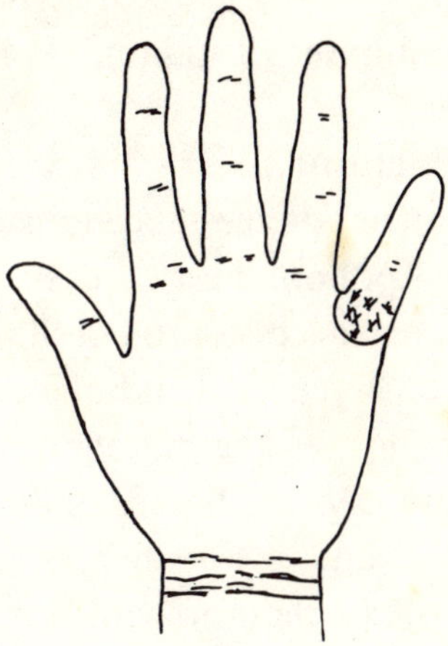

Figure 48
Mont de Mercure contenant plusieurs petites lignes (signe néfaste)

LES GRILLES ET LES PETITES LIGNES

Parfois, on peut également observer dans la main une "grille" ou un "filet"; c'est ainsi que l'on nomme de petits réseaux de lignes dont les intersections semblent dessiner un filet à mailles très fines. Ce "filet" ou cette "grille" enserrant un mont ou une ligne importants indiquent que ce mont ou cette ligne auront du mal à imposer leurs caractéristiques.

Si la personne concernée insistait, elle serait prise à son propre piège, dans les mailles du destin... Le mont de Jupiter lui-même pourra être influencé et bridé par ce signe qui indique toujours des empêchements et une impossibilité de faire valoir son point de vue. Selon le mont où il se trouve, les caractéristiques de ce signe peuvent se résumer ainsi:

— sur le mont de Jupiter, il indique de l'égoïsme et une soif de pouvoir;
— sur le mont de Saturne, il est synonyme de mésaventures et parfois même de tendance au suicide;
— sur le mont do' Apollon, c'est un désir de gloire irréalisable et donc une succession de désillusions;
— sur le mont de Mercure, il indique une tendance au vol, aux imbroglios, et à la malhonnêteté. C'est le signe des individus dénués de scrupules;
— sur le mont de Mars, c'est un présage de calamités, d'accidents et même de mort violente;
— sur le mont de la Lune, cela dénote une tristesse éternelle, une peur des contacts et de l'humanité en général;
— sur le mont de Vénus, un goût pour les liaisons interdites.

La grille est donc un indice de ralentissement, de rupture, comme le sont, par ailleurs, toutes les lignes transversales coupant une ligne principale, la brisant et paralysant ses effets les plus importants. Il ne faut donc pas sous-estimer ces petites lignes qui peuvent paraître insignifiantes à première vue; leur influence est parfois considérable:

— une petite ligne bien marquée et se dirigeant vers le mont de Jupiter en renforce les qualités;
— sur Saturne, si le mont est assez élevé, une petite ligne marquée, profonde et assez longue met en évidence une chance certaine, tandis que de nombreuses petites lignes constituent un présage néfaste;

— sur le mont d'Apollon qui, s'il est bien formé, est symbole de paix familiale et de tranquillité, une petite ligne présage une ingéniosité qui sera reconnue tôt ou tard. Au contraire, s'il y a deux petites lignes qui se croisent, cet esprit inventif ne connaîtra aucun succès. Si ces petites lignes sont nombreuses et si deux d'entre elles s'enchevêtrent comme des serpents, cela signifie un grand succès artistique;

— si le mont de Mercure est coupé par une ligne, la chance sourira à la personne concernée, mais si ces petites lignes sont nombreuses, l'influence de Mercure sera négative.

Un trop grand nombre de petites lignes sur les monts est toujours signe de malice et de fourberie; une personne possédant une main avec de telles caractéristiques sera sûrement très astucieuse, mais connaissant la signification de tels signes, ses semblables se méfieront heureusement et resteront sur le qui-vive. Malgré tout, il n'est pas facile de percer à jour un tel individu, car il jouit de l'influence de Mercure. En général, il est plus prudent de se méfier de personnes dont la ligne de tête est longue et droite et le mont de Mercure rempli de petites lignes; cet homme aura probablement de petits yeux enfoncés, la bouche carrée, les lèvres quasiment inexistantes;

— un mont de Mars fortement strié indique hystérie et colères violentes et inattendues, ainsi que des troubles circulatoires et biliaires;

— un mont de la Lune sans rides est symbole d'une vive imagination; de nombreuses rides très profondes indiquent que le sujet est porté aux préoccupations excessives et à l'angoisse. Si ces lignes forment une étoile, on pourra être victime d'un accident mortel;

— un mont de Vénus lisse dénote peu d'intérêt pour les relations charnelles, mais peut aussi signifier une chasteté volontaire ou bien une vie courte et sans amour (s'il s'agit d'une personne jeune, bien entendu). Si ce mont est recouvert de petites lignes, la signification est opposée: on aura affaire à un individu sensible, susceptible, jaloux, capable de passions violentes et de réactions impulsives qui peuvent le mener jusqu'à commettre des délits.

La ligne qui unit dans certaines mains le mont de Vénus au mont de Mercure est assez significative, même si elle n'est pas d'une importance fondamentale. Elle signifie soit une attirance exceptionnelle pour l'autre sexe, soit une tendance homosexuelle.

LES BRACELETS DU POIGNET

La ligne qui se trouve à la jointure du poignet et dessine une sorte de bracelet est un signe de bonheur, de vie paisible, de bonne santé, à condition qu'elle soit bien dessinée et continue. Cette ligne est souvent accompagnée d'une seconde et parfois d'une troisième; dans ce cas, c'est sûrement un signe de chance.

Le second cercle, s'il est bien dessiné, profond et ininterrompu représente la richesse (figure 49).

Le troisième cercle qui, comme nous l'avons déjà précisé, n'est pas toujours présent, représente le bonheur.

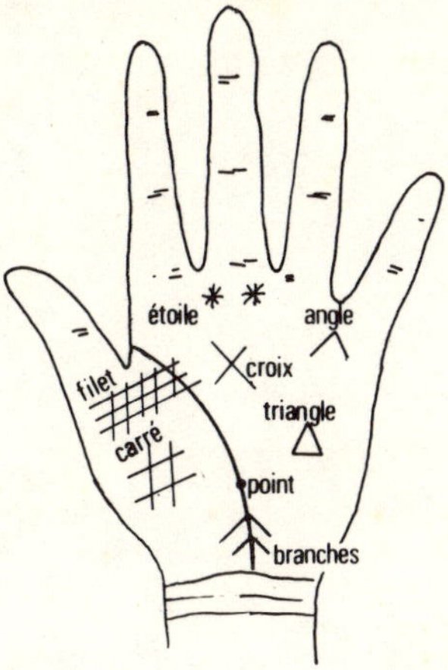

Figure 49

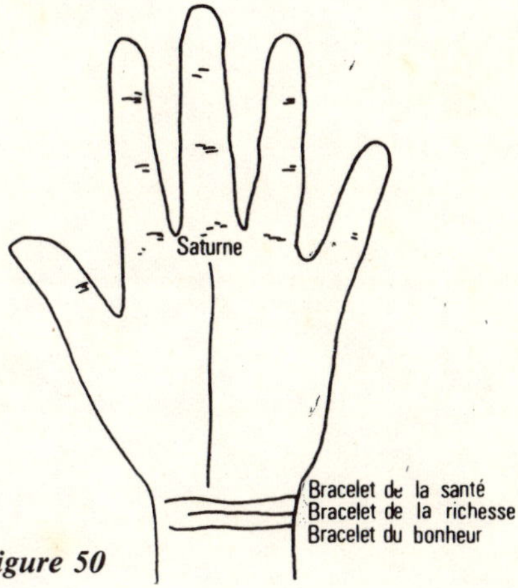

Figure 50

Si ces bracelets sont constitués de sorte de chaînettes, cela signifie que pour bénéficier de ces influences positives, il sera nécessaire de se donner beaucoup de mal.

Contrairement à la règle générale, une croix, si elle est située sur l'une de ces lignes du poignet, n'est pas un signe négatif. Une croix se trouvant au centre de la ligne de richesse est une signe de chance et de richesse. Si, partant du poignet, une ligne remonte vers le mont de Saturne, c'est un signe de chance dans tous les domaines: richesse, succès, réputation (figure 50).

Les ramifications sur le bracelet de la santé formant une croix sont, elles aussi, signe de chance.

La main d'un point de vue géométrique

Comme le reste de notre corps, la main est enfermée dans une circonférence et à l'intérieur de la main les circonférences sont nombreuses.

Si nous observons attentivement la paume de notre main, nous constatons qu'elle est constellée de droites, de segments, de demi-droites, d'angles, de plans, et de figures géométriques telles que les triangles, losanges, carrés et autres... Les lettres de l'alphabet y apparaissent même: dans de nombreuses mains un "M" est mis en évidence, il est formé du chevauchement de deux triangles, ou, pour être plus précis, de quatre demi-droites formées par la ligne de cœur, la ligne de tête, la ligne de chance et la ligne de vie. Ce M n'a aucune signification particulière; en revanche, les triangles qui le forment doivent être étudiés soigneusement.

La paume de la main est divisée en zones ou régions par des demi-droites représentées par la ligne de vie, de tête et de cœur.

Les angles formés par les lignes principales sont à la base de la lecture de la main et constituent la clé du mystère; ils prennent des formes diverses et ont donc des significations différentes.

L'angle qui ressort le plus est celui formé par la ligne de vie et la ligne de tête, dont le sommet se trouve entre le pouce et l'index, exactement sous le mont de Jupiter (voir figure 51). Dans la paume de la main se trouvent différentes sortes d'angles; dans presque tous les cas apparaissent les angles adjacents formés par l'intersection de la ligne de Saturne et la ligne de tête comme on peut le voir sur la figure 52.

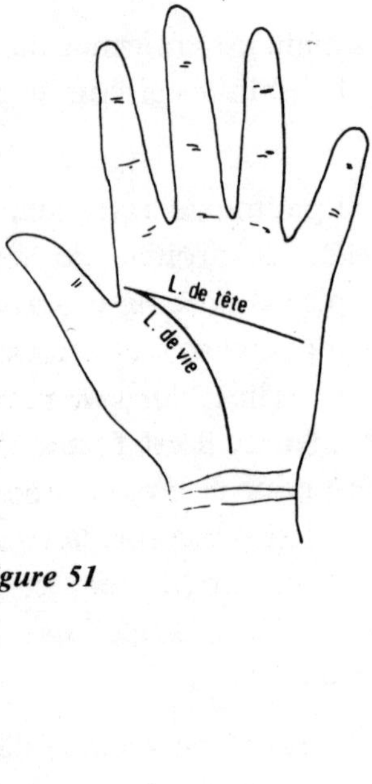

Figure 51

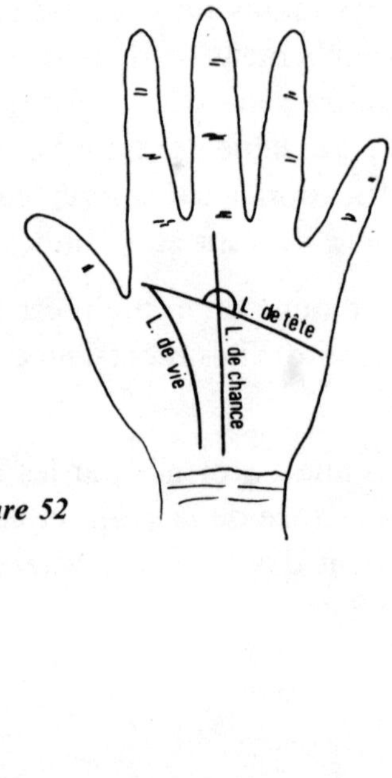

Figure 52

Ces deux angles ont en commun le sommet et un côté, tandis que l'autre côté se trouve sur la même droite.

Au cours du chapitre précédent, nous avons évoqué les étoiles et les croix. Les croix sont constituées de deux droites, qui, en se coupant, forment quatre angles pouvant être droits ou non; les étoiles sont formées par diverses lignes obliques et une perpendiculaire qui, dans la main, s'appuie sur une ligne de base.

Ne négligeons pas les angles que forment deux demi-droites, lorsqu'elles sont traversées par une autre ligne; sur la figure 53, c'est la ligne de chance qui coupe la ligne de tête et celle de cœur. Sur la transversale qui porte le nom de ligne

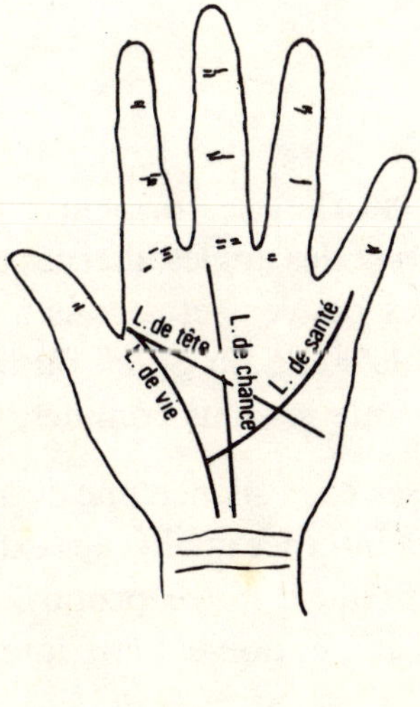

Figure 53

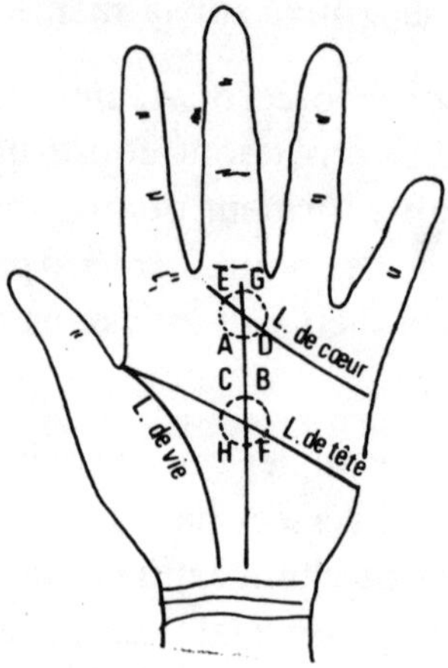

Figure 54
A-B = angles alternes internes
C-D = angles alternes internes
E-F = angles alternes externes
G-H = angles alternes externes

de chance (ou de Saturne) se forment des angles alternes internes (A, B, C, D) et des angles alternes externes (E, F, G, H). Les transversales peuvent être constituées par d'autres lignes, par exemple la ligne du Soleil ou la ligne hépatique pour ne mentionner que les plus connues.

Il ne faut pas passer sous silence une éventuelle égalité entre les angles alternes internes et alternes externes. Pour vous aider à mieux comprendre notre propos, nous l'illustrons par la figure 54. Les angles doivent être interprétés selon leur forme.

• L'angle droit est toujours de bon auspice; il dénote de l'intelligence, de la rectitude morale, de l'honnêteté dans les rapports avec les autres, un bon équilibre.

• L'angle aigu est surtout un indice de fourberie, de manque de sincérité, d'hypocrisie.

• L'angle obtus est synonyme d'une intelligence très limitée (ne parle-t-on pas d'un individu "obtus"?).

Bien entendu, on n'analysera que les angles formés par les lignes principales.

Dans la paume se trouvent également des carrés qui devraient s'inscrire eux aussi dans une circonférence et être divisés en triangles (éléments de base pour l'étude de la main, voir figure 55).

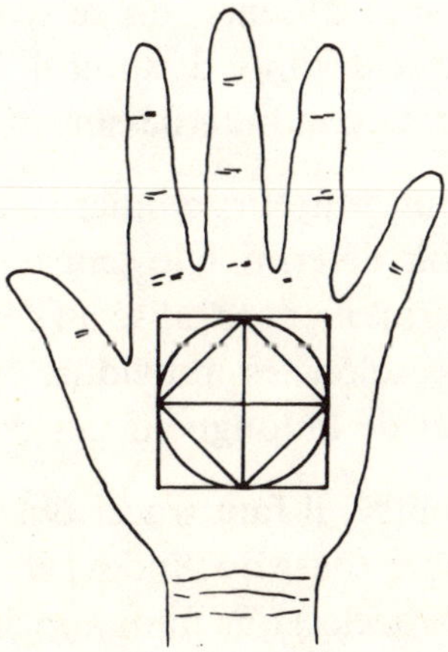

Figure 55

En fait, les carrés à proprement parler sont plutôt rares, mais les quadrilatères sont tout à fait communs; les quatre côtés inégaux de la figure sont constitués par des segments de droite des lignes principales qui s'entrecroisent.

Si, au niveau du mont de Saturne, à l'intérieur d'un quadrilatère se trouve une étoile ou une croix, c'est un signe négatif.

Une étoile pâle et bien dessinée sur le mont de Vénus dénote de la bonté d'âme, mais aussi une trop grande soumission à la personne aimée.

Une croix située dans un quadrilatère sur la plaine de Mars indique à la fois des luttes et des contradictions et de la chance et des succès.

Les quadrilatères de la main, en particulier ceux formés par la ligne de cœur, la ligne de tête et deux autres lignes transversales (voir figure 56) sont indispensables à l'équilibre d'un individu; s'ils sont absents, on se trouve confronté à une personne méchante destinée de surcroît à subir les conséquences négatives de sa conduite pessimiste.

En réalité, il faudrait toujours étudier la main, secteur par secteur, après en avoir déterminé le centre. Précisons que le centre de la main est rarement localisé au centre de la paume et que ce point varie selon les individus, en fonction de la forme de la paume et de la longueur des doigts.

Pour trouver ce centre, il faut tracer une ligne imaginaire entre le mont de Jupiter (base de l'index) et le mont de la Lune (près du premier bracelet) que nous appellerons AB et une autre allant du mont de Mercure (base de l'annulaire) à la base du pouce (mont de Vénus) que l'on baptisera CD. Le

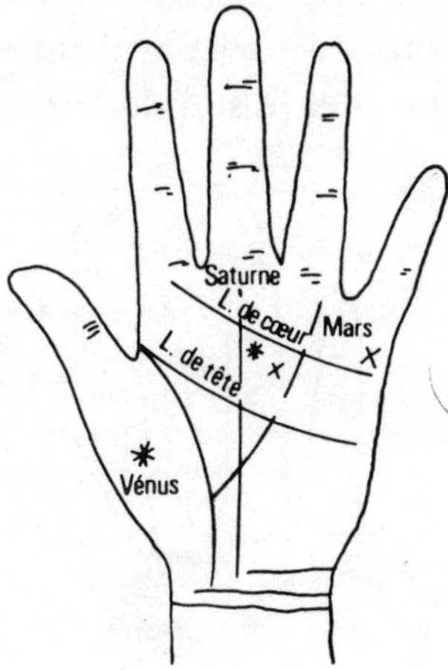

Figure 56

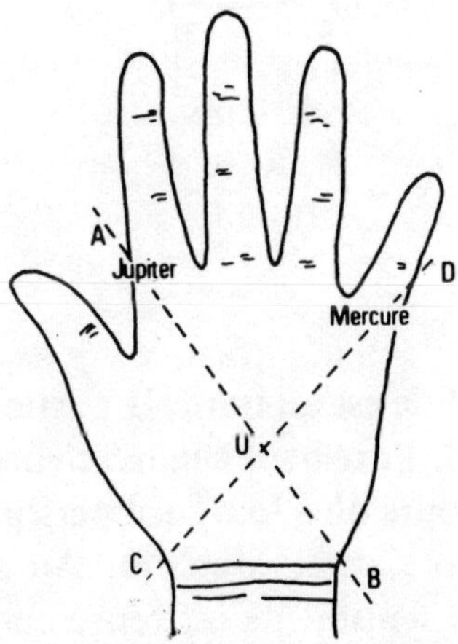

Figure 57

point d'intersection entre ces deux droites constitue le centre de la main, comme on peut le voir sur la figure 57.

LES POINTS CARDINAUX DE LA MAIN

La ligne de tête constitue, elle, la frontière, la ligne de démarcation entre le nord et le sud de la main (figure 58).

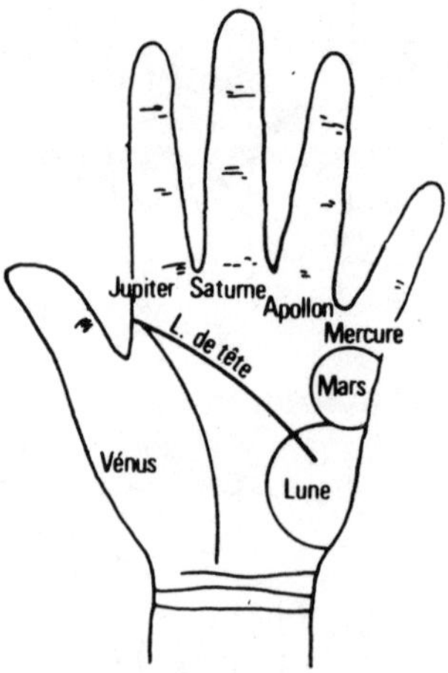

Figure 58

La partie masculine est au nord, la partie féminine au sud. Au nord, le travail, l'art basé sur la science, l'ambition qui pousse à aller toujours plus loin sont personnalisés par Jupiter, Apollon et, en partie, Mercure. Au sud, le penchant pour le monde des sentiments est représenté par Vénus.

A l'est (orient) se trouve le pouce. Tout naît en orient: la lumière, la vie... ainsi, la ligne de vie, celle de cœur et de tête ont leur origine dans cette partie de la main.

A l'ouest de la main, nous trouvons Mars et la Lune, le sacrifice et la lutte, les caprices et la frivolité.

Nous pensons avoir donné au lecteur suffisamment d'indications pour lui permettre d'interpréter correctement les signes de la main, la sienne comme celle d'autrui. Il ne faut négliger aucun élément et ne pas s'arrêter à la signification première d'une ligne ou d'un mont. Il ne faut se prononcer qu'après avoir examiné l'ensemble des autres signes (même ceux que l'on a tendance à croire moins importants...); ils pourront toujours modifier dans un sens ou dans l'autre les indications fournies au premier abord par les lignes et les autres signes principaux.

Nous vous recommandons une grande prudence lorsque vous serez amené à communiquer des présages défavorables, voire même douloureux. Certes, on ne peut passer sous silence les signes funestes, mais l'on peut toujours agir avec tact et diplomatie et suggérer qu'il est possible de modifier, par la volonté, un destin négatif.

Le physique est fortement influencé par le moral et il est donc nécessaire de renforcer l'esprit par la volonté qui peut annuler les présages les plus sombres. C'est ainsi que l'on peut combattre l'adversité et neutraliser, en partie du moins, les forces maléfiques. Rappelez-vous surtout que le désir de vivre est la meilleure médecine qui soit; il nous aidera toujours à guérir et à conquérir ces quelques miettes de bonheur après lesquelles nous courons tous.

Précis de chiromancie

Dans le but d'aider le profane dans sa lecture de la main, nous proposons ce précis de chiromancie, en forme de glossaire, comprenant les principales maladies, les états d'esprit, les faiblesses, les vices, etc., avec la description ou le renvoi aux lignes et aux signes qui indiquent leur présence sur la main. Encore une fois, nous recommandons une extrême prudence dans la formulation des jugements. Le lecteur doit se souvenir qu'aucun signe n'a de signification absolue, définie, mais que chacun doit être lu et interprété dans le contexte formé par les autres.

Chaque signe n'est rien de plus qu'une indication, une suggestion qui aide à tirer de l'ensemble des éléments, un jugement vaste et éclairant sur la nature et les possibilités inhérentes au destin du sujet examiné.

ABOULIE

Les signes de faiblesse et de lymphatisme dominent, main molle et sans vigueur.

ACCIDENTS

Croix, grilles et lignes sur la plaine de Mars, avec des lignes transversales qui coupent la ligne de tête.

ADULTERE

La plupart des spécialistes suivent la ligne tracée par la chiromancie traditionnelle, mais s'accordent pour conseiller une grande prudence avant d'émettre un quelconque jugement, à la fois parce qu'il peut être question non pas d'adultère authentique mais simplement d'une prédisposition à l'adultère moral, lequel constitue une tendance très répandue (il est même possible qu'une lutte longue et intense contre des désirs immoraux vienne à s'inscrire dans la paume de la main, exactement comme si l'adultère avait été consommé; à cette occasion nous répéterons que la formulation d'un jugement doit être toujours réservée).

Les adultères (accomplis ou désirés) peuvent être révélés par des îles, tant sur la ligne du destin que sur la ligne du Soleil, ou encore sur le mont de Mercure ou le mont de Vénus; une île, sur une belle ligne de Saturne, indique la fortune et la réussite grâce à un adultère; si l'île est mal faite, cela signifie que l'adultère causera des ennuis à celui qui le commettra; on peut dire la même chose en ce qui concerne la ligne de Soleil; on considère comme très incertain le présage de célébrité dû à l'adultère, qui serait révélé par une grande île sur le mont d'Apollon.

De nombreuses îles de forme longue témoignent d'une union malheureuse causée par la présence de désirs d'adultère; il peut arriver que l'île ait deux ramifications qui se réunissent vers l'extrémité de la ligne de vie: elles indiquent alors la régularisation d'une union.

ALCOOLISME

On rencontre une ligne de vie bleuâtre et superficielle (phénomène dû à une intoxication du sang); on remarque souvent une étoile sur la ligne de tête (ramollissement cérébral); la phalange du pouce portant l'ongle est courte (signe de violence et d'aboulie).

AMBITION

L'ambition est révélée par le mont de Jupiter: lorsque celui-ci est normal, il s'agit d'un sentiment noble, c'est-à-dire de l'ambition qui caractérise le sujet qui veut atteindre le succès par ses propres mérites et par son travail; si le mont est excessivement développé, il indique le désir de briller: si le mont est absent ou inscrit et creux, le sujet manque de dignité; si le mont est tendu vers celui de Saturne, il indique le désir de réussir grâce à la seule intelligence.

Une autre indication est fournie par l'index: si ce doigt est pointu, l'ambition sera désordonnée et difficilement réalisable, précisément parce que le sujet n'a pas les idées claires et agit de manière chaotique: si l'index est spatulé et court, l'ambition sera un sentiment violent; si l'index est long, il indique un type d'ambition patiente; s'il est très long, l'ambition est despotique; s'il est noueux, elle sera freinée par la raison.

AMOUR

Bien que la chose puisse sembler étrange à première vue, l'amour mystique a plus ou moins les mêmes caractéristiques que l'amour sensuel. Selon de très anciennes traditions hindoues, les lignes verticales sur le mont de Vénus indiquent les influences sentimentales importantes que le sujet a subies; si une de ces lignes verticales commence dans la partie supérieure du mont et s'accroche à la ligne de vie, la signification est celle d'un amour de jeunesse, cause de nombreuses souffrances; mais si les ramifications descendent vers la ligne de vie, ces souffrances seront sporadiques; d'autre part, si la ligne se détache de la ligne de vie, cela indique que le sujet devra quitter l'être aimé; une île sur la ligne de vie dénote une menace de scandale; si la ligne verticale rejoint la ligne de vie et traverse avec elle une partie de la paume, l'amour se changera en haine.

APOPLEXIE

Les lignes sont généralement larges, profondes (mort violente) et très rouges (excès de sang).

On remarque que la ligne de cœur est fourchue et en chaîne (mauvaise circulation) et qu'elle rejoint la ligne de tête (mort violente); traits verticaux sur le mont de Saturne.

APPENDICITE

La ligne de Mercure est évidente et présente des îles; la

plaine de Mars est coupée par de nombreuses lignes et mal dessinée, grandes îles sur le mont de Mars.

ARRIVISME

Le pouce est fort et souple; l'index et l'annulaire sont très longs; grande ligne de tête.

ARTERIOSCLEROSE

Annulaire très strié, main un peu gonflée; la ligne de cœur présente une fourche; fond des lignes jaune clair.

ARTHRITISME

Les doigts sont peu agiles; la ligne de cœur présente une grande fourche et des ramifications qui traversent la ligne de vie et se replient sur la plaine de Mars (elles parviennent quelquefois jusqu'au mont de la Lune); prédominance du mont de Jupiter et du mont de la Lune.

ASSASSINAT

Dans le cas du crime prémédité, la ligne de tête monte vers Mercure, particulièrement lorsque le mobile de l'assassinat est le vol, ou vers la ligne de cœur autour de laquelle elle s'enroule; quelquefois, cette dernière est complètement absente; pour ce qui est du crime passionnel on remarque une croix sur le mont de Saturne; la ligne de cœur est bonne mais la main est vulgaire.

ASTHME

Ongles recouverts de pellicules blanchâtres; la main comporte de nombreuses lignes; une fourche sur la ligne de cœur; une île pâle se trouve près de la ligne de tête.

AUTRES APTITUDES DIVERSES

Les aptitudes artistiques sont révélées par une belle ligne du Soleil se terminant souvent en fourche, par un bon anneau de Vénus et par un annulaire et un médium beaucoup plus longs que l'index; la ligne de tête est très longue.

Les aptitudes commerciales sont clairement révélées par une excellente influence de Mercure (petit doigt et ligne hépatique ou d'intuition). Les qualités visibles dans une main peuvent être indiquées de la façon suivante:

— Mercure, Lune: réussite dans les lettres;
— Mercure, Vénus, Jupiter: réussite dans le théâtre;
— Vénus, Soleil et Jupiter: réussite dans le chant;
— Jupiter, Soleil et Vénus: réussite dans la peinture;
— Vénus, Lune, Soleil: réussite en musique;
— Saturne, Mercure, Soleil: réussite dans les sciences exactes;
— Mercure, Jupiter: réussite dans la finance;
— Mercure, Mars, Saturne: réussite dans la médecine;
— Soleil, Jupiter Mercure: réussite en politique.

AVARICE

Ligne de Saturne mal faite et tendue vers le mont de Mercure; pouce crochu.

BONTE

Une première caractéristique est fournie par la peau de la main, lisse et délicate; la ligne de cœur est longue, bien faite et peu ramifiée; la première phalange du pouce est longue: la double ligne de cœur annonce une grande dévotion, tant en amour qu'en amitié; au contraire, une ligne de cœur sèche et fine dénote la froideur.

CELEBRITE

Il faut observer si parmi les lignes du Soleil, de Mercure et de Saturne, il en existe au moins une qui soit parfaite et en harmonie avec les autres; l'annulaire est toujours élancé et fort; le pouce est mobile, fort et long; la ligne de vie doit avoir une couleur qui tranche légèrement sur les autres.

CERVEAU

On remarque une belle ligne de tête, chose plutôt rare, que possèdent seules les personnes dont le cerveau est en parfait état; au contraire, un mauvais état cérébral offre les caractéristiques suivantes: pouce ayant une troisième phalange courte et faible (aboulie); ligne de tête en chaînes, coupée par des îles, par des points, et descendante; ongles rongés ou fragiles (nervosisme); gros mont de la Lune portant une grille: mont de Vénus plat; anneau de Vénus mal fait, double ou triple.

CIRCULATION DEFECTUEUSE

Tous les déséquilibres de la circulation sont toujours signalés par une forte couleur cyanotique.

COLERE

Les signes de colère sont constitués par des lignes très rouges et un pouce gonflé au niveau de la phalange qui porte l'ongle; en outre, une main trop longue est un signe de mauvais caractère; une main étroite et longue indique un caractère autoritaire et difficile; les ongles pointus et courbes: méchanceté; plaine de Mars très rayée et prolongée: insolence; mont de la Lune strié: caprices, irritabilité; ligne de vie livide ou bleue: fureurs qui peuvent aller jusqu'au crime; ligne de vie de largeur inégale: humeur changeante; ligne de cœur rouge: passions violentes.

COURAGE

Existence d'un très beau mont de Mars et même si ce dernier est excessivement développé, la signification est toujours favorable; s'il est uni, il indique la fermeté, la ténacité, le mépris de l'opinion des autres; on remarque que le pouce est très long.

COURTISANERIE (ET PROSTITUTION)

Mont de Vénus strié par des lignes; mont de la Lune portant de nombreuses îles; mont de Mercure assez évident; mais, surtout, on voit que le petit doigt est assez long et mal fait.

CRITIQUE (SENS)

Index et auriculaire longs ou larges; pouce long et agile; ligne de tête formant un grand arc, tout au moins dans l'une des deux mains.

CRUAUTE

Développement excessif de la ligne de tête et des monts de Mars et Saturne.

DELICATESSE

La main est recouverte d'une peau délicate et souple; présence de l'anneau de Vénus; lignes parallèles à la ligne de la vie; les monts de la Lune et d'Apollon sont en évidence et portent de petits traits verticaux.

DEPRAVATION

Iles sur le mont de Vénus, sur le mont de Saturne et d'Apollon; ligne de tête qui se dirige vers le mont de la Lune.

DESPOTISME

Le pouce est très long; les monts de Jupiter, de Mars et de Saturne sont développés de manière excessive.

DESTIN

Si la plaine de Mars est constellée de coupures, de croix ou de grilles, ce signe est l'indice infaillible d'une vie agitée.

DIPLOMATIE

Petits triangles et petites croix sur Mercure et sur Jupiter.

DISSIMULATION

On remarque que la ligne de cœur et la ligne de tête sont réunies; d'autre part, cette dernière est très fourchue; si une ramification part de la ligne de tête et se termine sur le mont de Mercure, il s'agit d'un indice de perfidie, à moins que la main appartienne à un grand intellectuel; ligne de vie séparée de la ligne de tête.

EGOISME

Les doigts sont gros au niveau de la première phalange; le pouce se rapproche toujours de l'index; assez bonne ligne de tête au tranchant de la main; doigts longs, spatulés et noueux.

L'index ainsi que le mont de Jupiter sont particulièrement bien développés.

ENFANTS

La tradition nous a transmis de nombreuses règles mais aucune ne s'est avérée infaillible.

En ce qui concerne le nombre d'enfants, les meilleures probabilités sont offertes par les petites lignes verticales sur le mont de Mercure.

ENTHOUSIASME

Quelques monts développés de façon excessive; ligne de Saturne, de Mercure ou du Soleil (ou les trois ensemble) qui prend naissance sur la ligne de vie.

EPILEPSIE

Main rougeâtre aux doigts trapus; ongles rougeâtres; lignes rouges et mal faites.

EQUILIBRE

Ligne de tête et ligne de cœur parallèles, même dans les courbes.

Mont de Jupiter assez évident; ligne de vie longue; ligne de Mercure longue et bien faite.

ESTOMAC (TROUBLES)

Lignes jaunâtres ou rouges; la plaine de Mars est bleuâtre; la ligne de cœur est souvent fourchue et traversée par des lignes verticales aux abords du mont de Saturne; sur la ligne de vie et sur la ligne de Mercure, grande île.

EXCENTRICITE

Une grande ligne de tête prédomine; l'index et l'annulaire sont très longs; le mont de la Lune est sillonné par des signes indéchiffrables.

FANATISME

Annulaire et médium plus importants que les autres doigts; le mont de la Lune est excessivement développé ou complètement plat.

FATALITE

Une main révèle toujours un sort plus ou moins triste lorsqu'elle présente des points, des croix ou des étoiles sur le mont de Saturne; ligne de cœur courte; petit doigt tordu; ligne de Mercure portant plusieurs îles; ligne de Saturne qui part de la partie inférieure de la main et serpente jusqu'à la base du médium.

FOIE (MALADIES DU)

Les lignes jaunâtres prédominent; la ligne de cœur est fourchue et plus jaunâtre que les autres; les premières phalanges des doigts sont plus longues que de coutume; l'union de la ligne de cœur et de la ligne de tête est un mauvais présage; souvent lc majeur est long et la plaine de Mars ainsi que le mont de Jupiter portent de nombreuses lignes transversales.

FOLIE

Si la folie est de type érotique, on relève un mauvais anneau de Vénus, une lignc dc têtc mal faite, des ongles courts et souvent rongés ou sucés; le pouce peut être court mais, dans les cas les plus fréquents, il est très long.

La folie mystique est révélée par une main ronde, bien faite, à fossettes, présentant des doigts longs et pointus dont les ongles sont en amande: la peau est bleuâtre; l'anneau de Vénus est présent; le mont de Jupiter est très grand et porte souvent une île (hallucinations); le mont de Vénus est uni, gonflé ou très rayé sur sa partie supérieure; les lignes sont fines (amour intellectuel).

Les indices de la folie furieuse sont: une main molle parcourue par de nombreuses lignes de couleur pâle; un mont de la Lune et un mont de Jupiter très striés; une ligne de tête nettement descendante, fourchue, et dont l'une des ramifications remonte vers le mont de Mars; un grand pouce; des ongles larges et courts. La folie des grandeurs est caractérisée par une main longue et ronde; une prédominance des monts de la Lune et de Jupiter; une ligne de tête large et mal faite; une belle ligne solaire; un mont de la Lune très strié; une ramification de la ligne de vie, portant une île, qui coupe la ligne de tête et rejoint le mont d'Apollon.

La folie sanguinaire est décelée par les signes suivants: main longue et large, pouce long; la ligne de tête est mal faite et se dirige brusquement vers la plaine de Mars; les lignes sont larges et rouges; le mont de la Lune est plat; la ligne de cœur est courte et large; la plaine de Mars présente de nombreuses croix; on remarque quelquefois des croix sur les monts de Saturne et du Soleil.

La folie despotique est identifiée par: une main longue et sèche ou bien ronde et gonflée; des premières phalanges longues: un pouce long; des doigts généralement noueux et gras; un mont de Vénus étroit et sec; un mont de Saturne rayé par des lignes qui partent de la ligne de vie et traversent le mont de Jupiter; une ligne de tête tronquée; une ceinture de Vénus très marquée; psychoses constitutionnelles: si elles proviennent de traumatismes, on remarque de grandes croix sur le mont de Mars; la ligne de tête est coupée et très descendante.

Dans le cas de maladies cérébrales dues à des lésions, diffuses ou bien circonscrites, la ligne de tête est coupée par des îles et descend dans la direction du mont de la Lune; la ligne de vie est souvent interrompue à l'âge où la lésion se produit.

Pour les intoxications aiguës ou chroniques: présence d'une ligne ondulée qui traverse la ligne de vie ou la ligne de tête; mont de la Lune très accidenté; plaine de Mars portant de nombreuses croix de petite taille, presque invisibles.

Démence précoce: descente forte et rapide de la ligne de tête vers le mont de la Lune, lequel présente une île; plaine de Mars tourmentée.

La constitution cyclothymique (oscillations irrégulières et fréquentes de l'humeur) est perceptible chez les sujets exagérément influencés par Mars et par la Lune: pouce de petite dimension, auriculaire un peu tordu et paume molle; la ligne de tête est très marquée et très descendante.

La constitution émotive mélancolique atteint surtout les saturniens: petite main; mont de Saturne très développé et tourmenté: majeur long, paume large; mont de Vénus plat et uni; mont de la Lune fort et rayé.

La psychasthénie est révélée par les monts; une croix sur la partie inférieure du mont de la Lune indique la phobie de l'eau; une croix au début d'une ligne de voyage indique la phobie des déplacements; une croix dans la région dominée par le Soleil (mont et ligne) à l'intérieur du quadrilatère signifie la peur du feu; une île sur le mont de Saturne révèle l'anxiété de l'inconnu. La constitution paranoïaque est très intéressante. Certaines études ont pu établir une division qui correspond aux sept types planétaires, dans le cas où leurs instincts sont très développés. Nous avons donc:

— psychose de persécution: elle comporte une main mélancolique mais avec un mont de la Lune moins important et un mont de Vénus normal; les doigts sont souvent spatulés; le mont de Mars est en dépression et la plaine de Mars est rugueuse; le quadrilatère est couvert de croix, d'étoiles et de lignes (présence de phobies multiples); le mont de Jupiter est trop développé ou bien manque de relief; la ligne de vie se termine par une croix;

— psychose de jalousie ou psychose combative ou folie martienne: mont et plaine de Mars faibles mais striés; mont de Saturne absent; ongles courts et rouges; main et lignes rouges; ligne de vie en pente très nette;

— mégalomanie ou folie jovienne: elle est souvent associée aux éléments précédents; prédominance excessive de Jupiter et d'Apollon; index très long; ligne de Soleil longue et profonde; ligne de vie portant des étoiles et descendant sur le mont de la Lune;

— psychose d'auto-accusation ou folie solaire: ligne de cœur riche et ligne de vie se terminant par une étoile;

— hypocondrie ou folie mercurienne: mont de Mercure rayé, auriculaire long et tordu; ligne de tête descendante et parallèle à la ligne hépatique;

— érotomanie ou folie vénusienne: plaine et mont de Mars très développés mais unis; monts de Vénus et de la Lune exaltés, rayés, portant des grilles et des étoiles; ligne de cœur rouge, large, fourchue et en chaîne, commençant sous le mont de Saturne; nombreuses îles; ligne de vie rouge comportant des ramifications vers le mont de Vénus; ongles longs et rouges;

— psychose mystique ou sociale ou folie lunaire: ligne de tête tendant de manière excessive vers le mont de la Lune.

FORTUNE

Une étoile sur le mont de Jupiter; petites lignes claires qui descendent sur les monts de Saturne, de Jupiter et du Soleil; de la ligne de vie part une ramification qui se dirige vers Jupiter, vers le mont de Vénus ou vers la ligne de tête; d'autres ramifications de la ligne de vie tendent vers les différents monts; souvent la ligne de tête est double; en outre une ramification peut réunir la ligne de tête à une étoile située sur le mont de Jupiter; on remarque une petite croix à la fin de la ligne de tête; la ligne de cœur ou l'une de ses ramifications, rejoint le mont de Jupiter; une ramification de la ligne de cœur dirigée vers le mont de Mercure indique la fortune.

Sont aussi des signes de fortune toutes les ramifications et toutes les fourches situées au-dessus de la ligne de cœur ainsi qu'une ligne du destin droite et sans barres; quelquefois cette ligne part du mont de la Lune, se dirige vers la ligne de cœur et disparaît en direction du mont de Jupiter: bonne ligne solaire.

GASPILLAGE (TENDANCE AU)

L'annulaire et le pouce sont grands; l'index est strié; la ligne du Soleil s'interrompt puis reprend.

GENIE

La ligne de tête, la ligne du Soleil et la ligne de vie sont excellentes; une des trois au moins doit être parfaite; le mont de Mercure et le mont de la Lune portent des ramifications ascendantes.

GLOIRE

La ligne de Mercure, la ligne de Saturne et celle du Soleil sont longues et évidentes, même si elles ne sont pas parfaites.

HYSTERIE

Le mont de la Lune présente une grosse cavité sur le tranchant de la main; le pouce court et faible indique une volonté défaillante; la ligne de cœur est fourchue (circulation défectueuse); l'anneau de Vénus est mal fait, double ou triple (sensualité déviée); mauvaise ligne de tête; les ongles sont souvent courts et rongés; la main est sèche, ce qui constitue un indice de nervosisme.

JALOUSIE

Gros pouce; mont de la Lune strié; ligne de cœur qui coupe toute le main; une ligne spéciale part de la plaine de Mars en direction de l'index et du médium; la ceinture de Vénus est mal faite.

LUXURE

La première phalange de l'index et le mont de Vénus sont bien développés; ce dernier est parcouru par des lignes qui forment une grille; la ligne de cœur est formée de maillons; la ceinture de Vénus forme une courbe peu harmonieuse et plusieurs fois interrompue; la ligne de Vénus est aussi formée de maillons: le pouce est plutôt court; on peut rencontrer, bien que cela ne soit pas nécessaire, une croix sur le mont de Saturne et une ligne de Mercure dont les ramifications se dirigent vers le mont d'Apollon; la ligne de cœur est souvent coupée par de petites lignes (dans ce cas, il peut s'agir d'une inversion sexuelle).

MARIAGE ET UNIONS

La ligne d'union, qui se trouve sur le tranchant de la main, au niveau du mont de Mercure, doit être droite et bien marquée; elle doit si possible être longue et accompagnée d'une croix (dans ce cas, le signe révèle que le conjoint sera fidèle); si la ligne est en forme de chaîne, le soupçon d'infidélité subsiste; si la ligne de Saturne (ou l'une des trois ramifications qu'elle comporte) part du mont de la Lune, la signification est bonne (un amour heureux); si l'index et le mont de Jupiter sont faibles et que le mont de Saturne est développé, c'est le signe que le sujet est prédestiné à rester célibataire.

MEMOIRE

Le mont de la Lune est très développé.

MORT

La même incertitude règne, quoi qu'il en soit, la tradition nous a légué quelques indications d'ordre général, les morts accidentelles sont révélées par la rupture de la ligne de vie dans les deux mains, sans qu'aucune ligne secondaire, si fine soit-elle, puisse laisser supposer sa continuation; on pourra, d'autre part, remarquer que la ligne de vie doit être unie à la ligne de cœur, laquelle peut couper la ligne de tête sous le mont de Saturne; en cas de mort par uricémie, on notera l'absence complète de la ligne de cœur, un mont de la Lune mal dessiné portant des lignes mal tracées sur la ligne de tête.

Une grille sur le mont de la Lune avertit d'un danger de noyade et, chez la femme, d'un accouchement douloureux; un pouce court, et une étoile sur le mont de Saturne, associés à une ligne de tête très courte et nettement descendante, indiquent le suicide ou la manie de suicide.

OBSTINATION

Pouce excessivement développé (personnalité excessive); doigts spatulés et noueux; grande ligne de tête, forte et droite.

ORGUEIL

Index droit et long: orgueil et noblesse de cœur cohabitent chez le sujet; pourtant, si l'index est trop long: despotisme; lorsque la première phalange est longue et très grosse: soif d'honneurs; si le majeur est très long: orgueil qui sait se déguiser; annulaire long: recherche avide des honneurs.

PALPITATIONS

Ligne de cœur rougeâtre portant des points bleus; la ligne de Mercure est double et interrompue; le mont d'Apollon porte une grille.

PARESSE (PHYSIQUE ET MORALE)

Les mains du sujet sont molles; le mont de Mars est absent.

PENSEE

La ligne de Saturne et la ligne du Soleil sont excellentes; la ligne de tête est bien marquée, fourchue, et porte quelques coupures.

PRODIGALITE

Pouce rejeté vers l'arrière; mont de Mars très développé; ceinture de Vénus bien faite; ligne de cœur longue et comportant quelques ramifications.

RHUMATISMES

On remarque une ligne de tête fourchue portant des points, des îles et des étoiles sur le mont de la Lune; lignes jaunâtres; si les rhumatismes sont de type tuberculeux, on a une main très rayée avec des étoiles sur le mont de Saturne.

SCIENCES OCCULTES

On note généralement un bon triangle formé par la ligne de Mercure, la ligne de vie et la ligne de tête; croix dans le quadrilatère et sous le mont de Saturne (mysticisme); la deuxième phalange du majeur est longue; les autres doigts sont lisses (goût pour les choses occultes); il est nécessaire que l'on rencontre au moins une partie de la ligne de Mercure; le présage est meilleur encore si la ligne est parfaite (goût pour l'occultisme); la ligne de cœur va jusqu'à entourer la base de l'index, formant ce que l'on appelle l'anneau de Salomon; le mont de la Lune est bon. Dans ce cas non seulement on relève beaucoup d'intérêt pour les choses occultes, mais par cette science, le sujet pourra atteindre le succès.

SPORT

Bonne ligne de santé; paume solide, dure et plutôt chaude; doigts spatulés ou carrés; main dure et lisse; excellente ligne de cœur; d'autre part, le pouce doit être grand et agile; la ligne de tête sans fourches; les lignes de Mercure sans îles ni ramifications transversales.

SUICIDE

La manie de suicide découle de la neurasthénie ou de déséquilibres nerveux dont les caractéristiques sont: ligne de tête très descendante; majeur à extrémité large et pouce faible; le mont de Saturne présente généralement des croix, des rayons ou des grilles, quelquefois la ligne de tête n'existe pas ou est unie à la ligne de cœur, elle est souvent séparée de la ligne de vie.

SUPERSTITION

Petits triangles sur le mont de la Lune et sur le mont de Saturne.

TIMIDITE

On remarque un pouce court, alors que les autres doigts sont plutôt longs et noueux.

VICE

Le mont de Vénus est très développé et recouvert par une sorte de grillage; le mont du Soleil est haut; la ceinture de Vénus s'étend de la base de l'index jusqu'à la base du petit doigt, interrompue seulement aux abords du mont de Mercure et souvent suivie par un double anneau; ramifications dirigées vers le bas.

VOLONTE

La deuxième phalange du pouce révèle la volonté, la première indique la logique; un pouce court peut être corrigé par une bonne ligne de tête ainsi que par une première phalange longue, car dans ce cas, le sujet agit sous l'influence de la raison; le pouce qui se referme automatiquement à l'intérieur de la paume indique l'asservissement du sujet à son instinct et l'aboulie.

Table des matières

Dans la même collection

L'avenir avec les cartes
L'astrologie
Interprétez vos rêves
Comment établir votre horoscope
L'hypnotisme
Magie et sorcellerie
L'avenir par les tarots
Guide complet pour interpréter les rêves
La magie des songes
Mauvais œil et sortilèges
Le magnétisme personnel
Le dictionnaire des rêves
Les signes du zodiaque et l'amour
Manuel de la cartomancie
Les pouvoirs de la volonté
La magie blanche
Les rêves porte-bonheur
La magie égyptienne
Grand livre des sciences occultes
Les tarots divinatoires
Le message des rêves
Pratique de la radiesthésie
La nouvelle astrologie
Oui, la vie existe après la mort
L'horoscope numérologique
Les rêves et votre inconscient
Horoscope numérologique et caractère
Les rêves prémonitoires
Votre destinée par les tarots
Guérir par son pouvoir mental
Le voyage astral
Le spiritisme
Guide pratique de la télépathie
Guide pratique de l'auto-hypnose
Votre futur par les nombres
Le futur révélé par les cartes

Achevé d'imprimer
en décembre 1987
à Milan, Italie, sur les presses
de Grafiche Milani

Dépôt légal: décembre 1987
Numéro d'éditeur: 1761